Maria Snare Johnsson

# Grafische Muster

Haupt
GESTALTEN

Maria Snare Johnsson

# Grafische Muster

## Kreuzstichprojekte mit klaren Linien und starken Farben

Unter Mitarbeit von Anders Wieslander & Kicki Wieslander

Haupt Verlag

1. Auflage: 2024

ISBN 978-3-258-60285-1


Aus dem Schwedischen übersetzt von Marie-Luise Schwarz, DE-Ratingen
Lektorat der deutschsprachigen Ausgabe: Uta Koßmagk, DE-Wiesbaden
Satz und Umschlaggestaltung der deutschsprachigen Ausgabe:
Die Werkstatt Medien-Produktion GmbH, DE-Göttingen
Stickereien: Maria Snare Johnsson
Text der Originalausgabe: Kicki Wieslander
Fotografien, Layout und Illustration: Anders Wieslander

Die schwedische Originalausgabe erschien 2016 unter dem Titel *Grafiskt broderi*
beim Tukan förlag, Göteborg, Schweden
Herausgabe der deutschsprachigen Ausgabe in Übereinkunft mit der Bennet Agency


Gedruckt in den Niederlanden

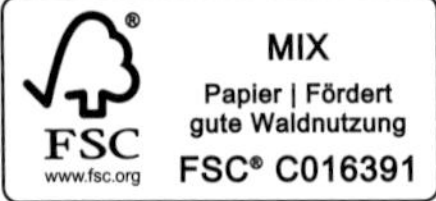


Wir verwenden FSC®-zertifiziertes Papier. FSC® sichert die Nutzung
der Wälder gemäß sozialen, ökonomischen und ökologischen Kriterien.

Diese Publikation ist in der Deutschen Nationalbibliografie verzeichnet.
Mehr Informationen dazu finden Sie unter http://dnb.dnb.de.

Der Haupt Verlag wird vom Bundesamt für Kultur für die Jahre 2021-2024 unterstützt.

© Shutterstock, Huza Studio

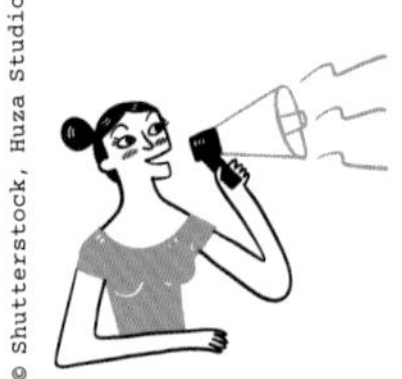

Sie möchten nichts mehr verpassen?

Folgen Sie uns auf unseren Social-Media-Kanälen und
bleiben Sie via Newsletter auf dem neuesten Stand.

www.haupt.ch/informiert

Wir verlegen mit Freude und großem Engagement unsere Bücher. Daher freuen wir uns
immer über Anregungen zum Programm und schätzen Hinweise auf Fehler im Buch, sollten
uns welche unterlaufen sein.

www.haupt.ch

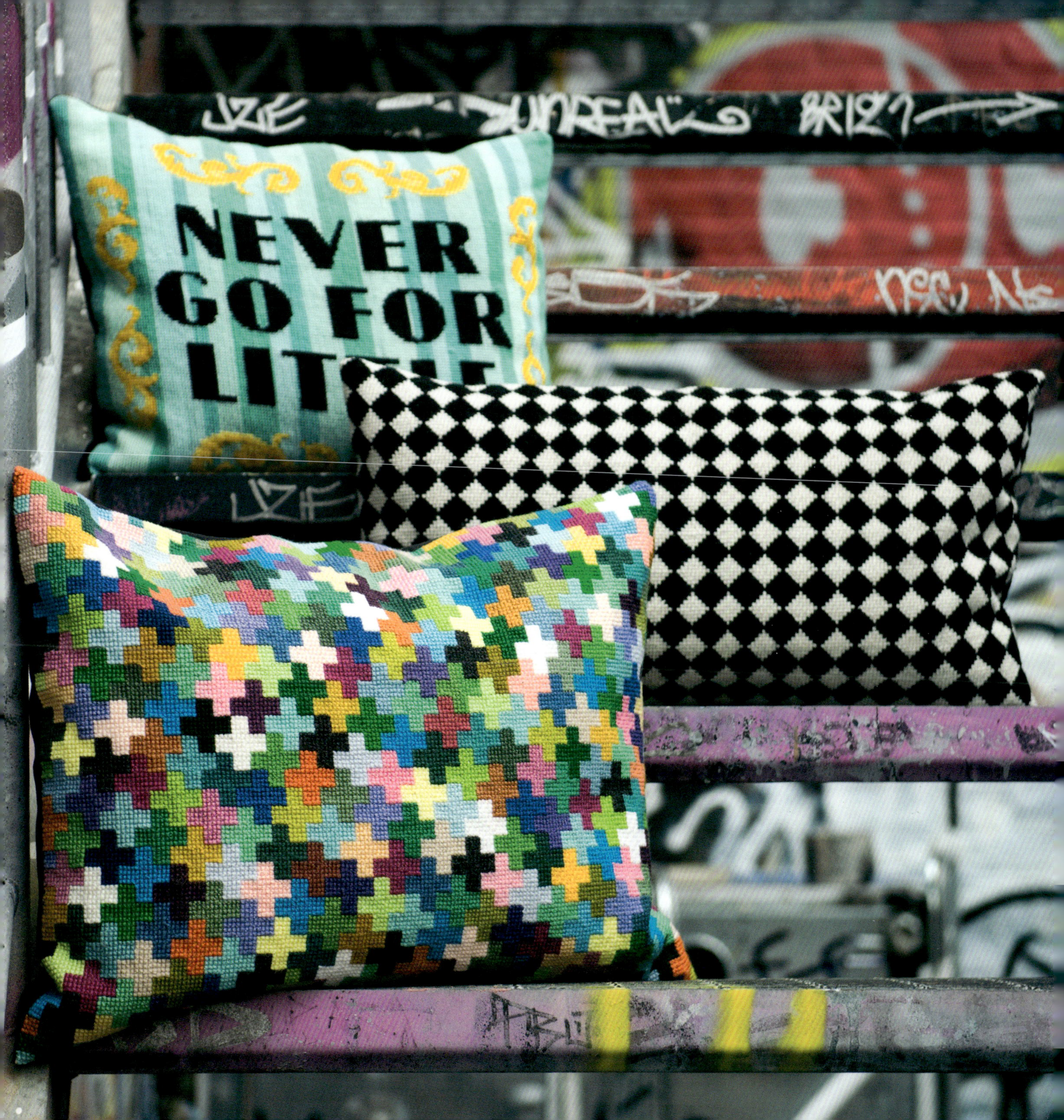
NEVER
GO FOR

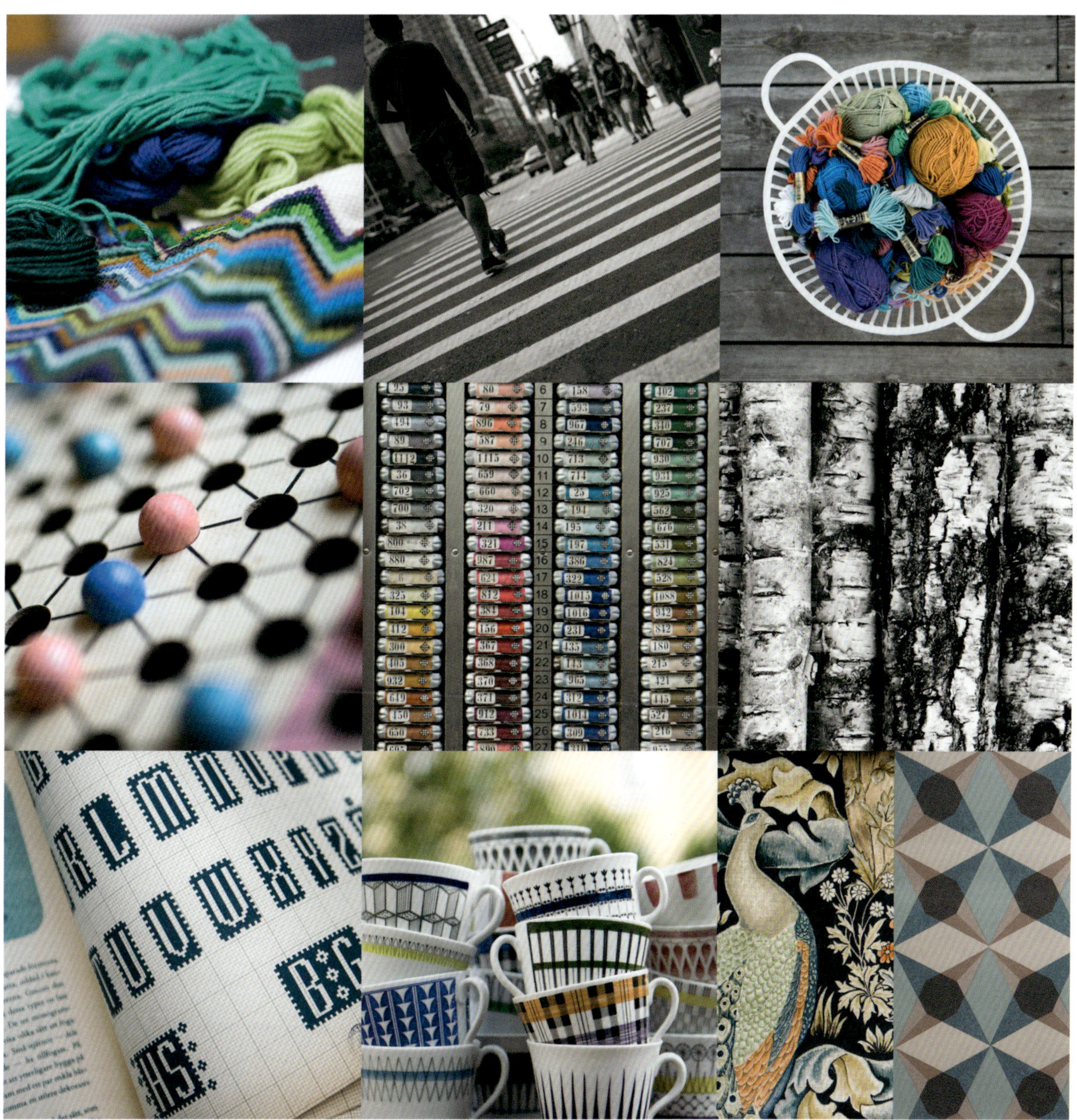

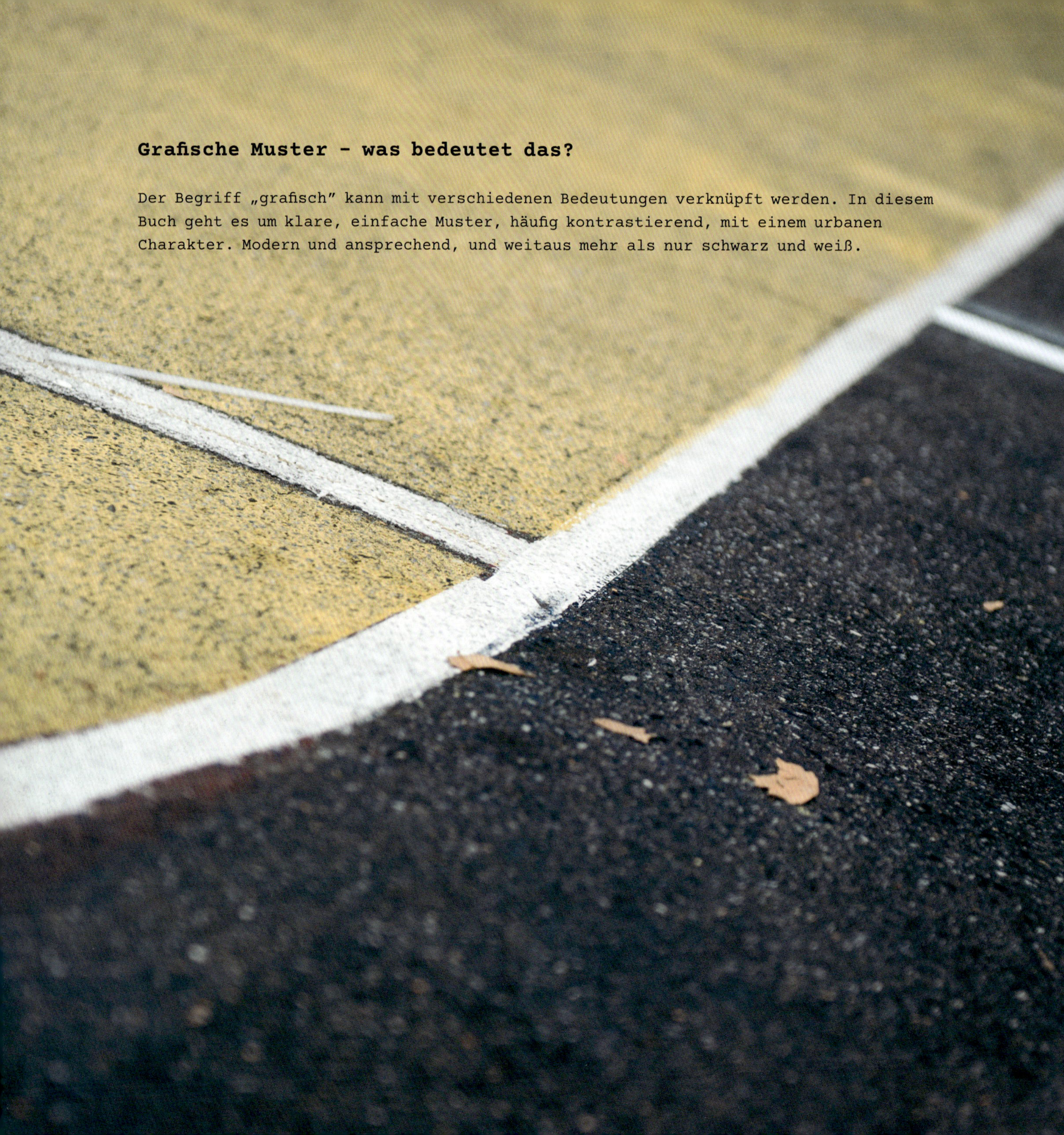

## Grafische Muster - was bedeutet das?

Der Begriff „grafisch" kann mit verschiedenen Bedeutungen verknüpft werden. In diesem Buch geht es um klare, einfache Muster, häufig kontrastierend, mit einem urbanen Charakter. Modern und ansprechend, und weitaus mehr als nur schwarz und weiß.

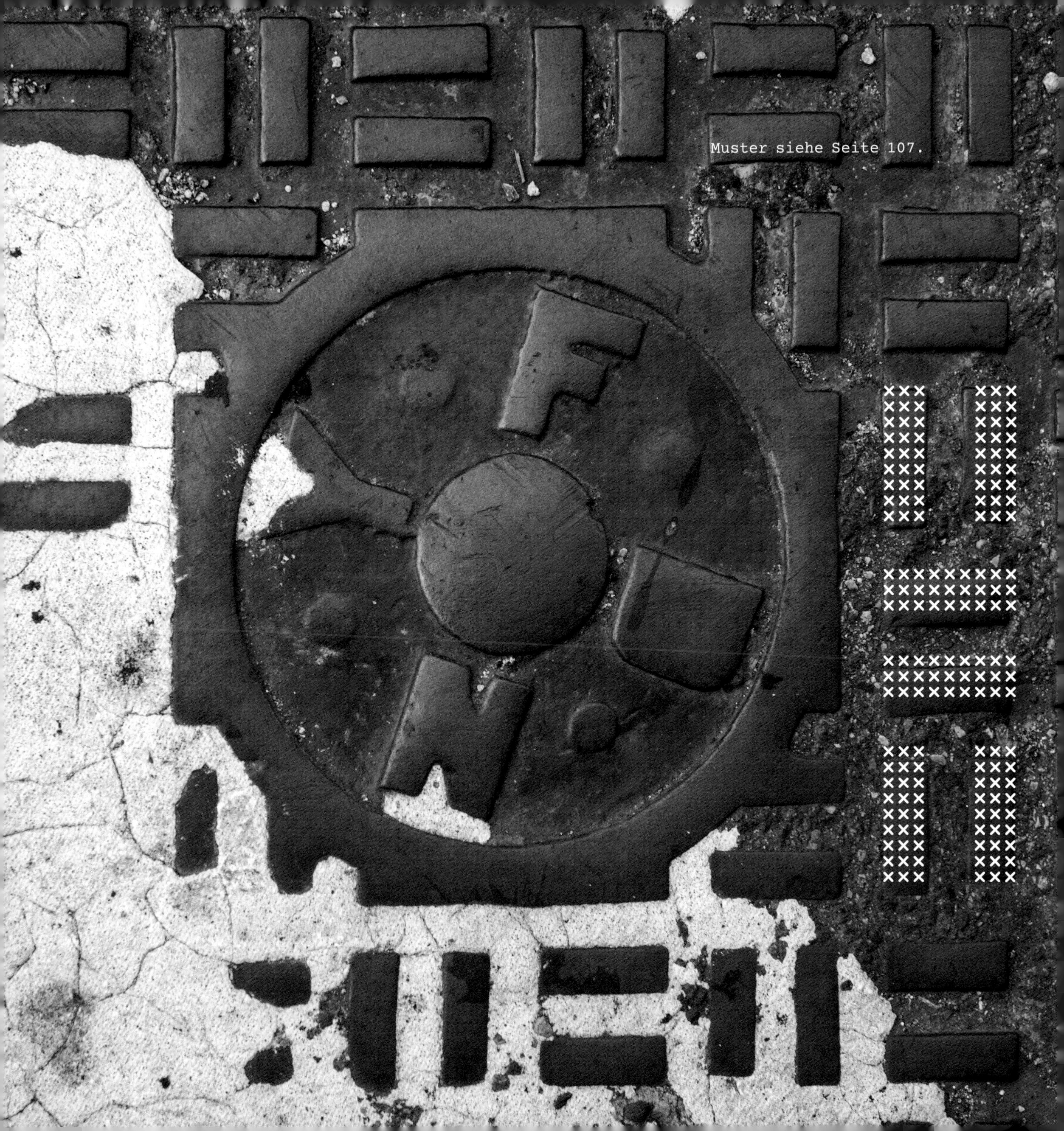

Muster siehe Seite 107.

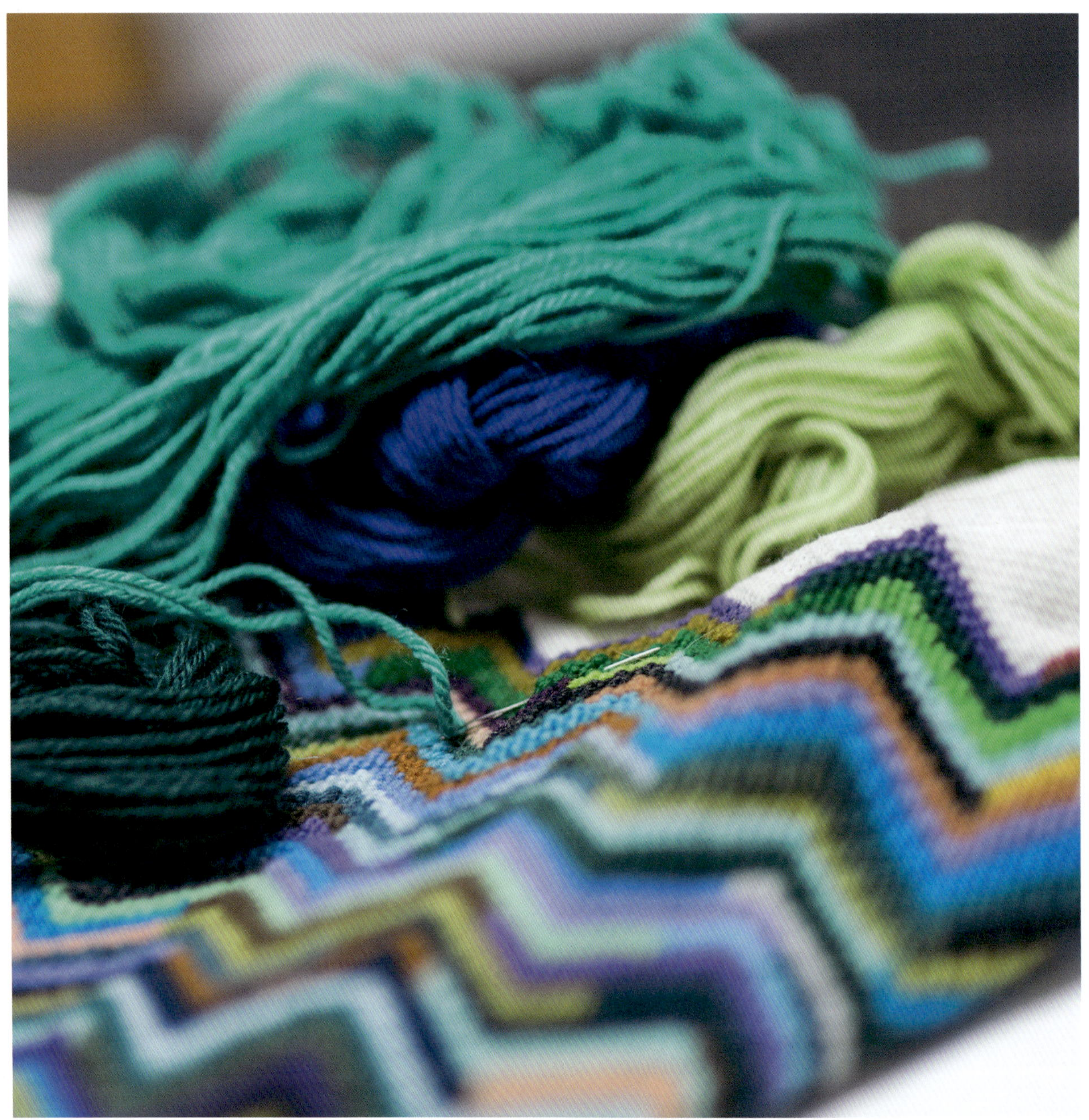

# DEN FINGERHUT ANZIEHEN

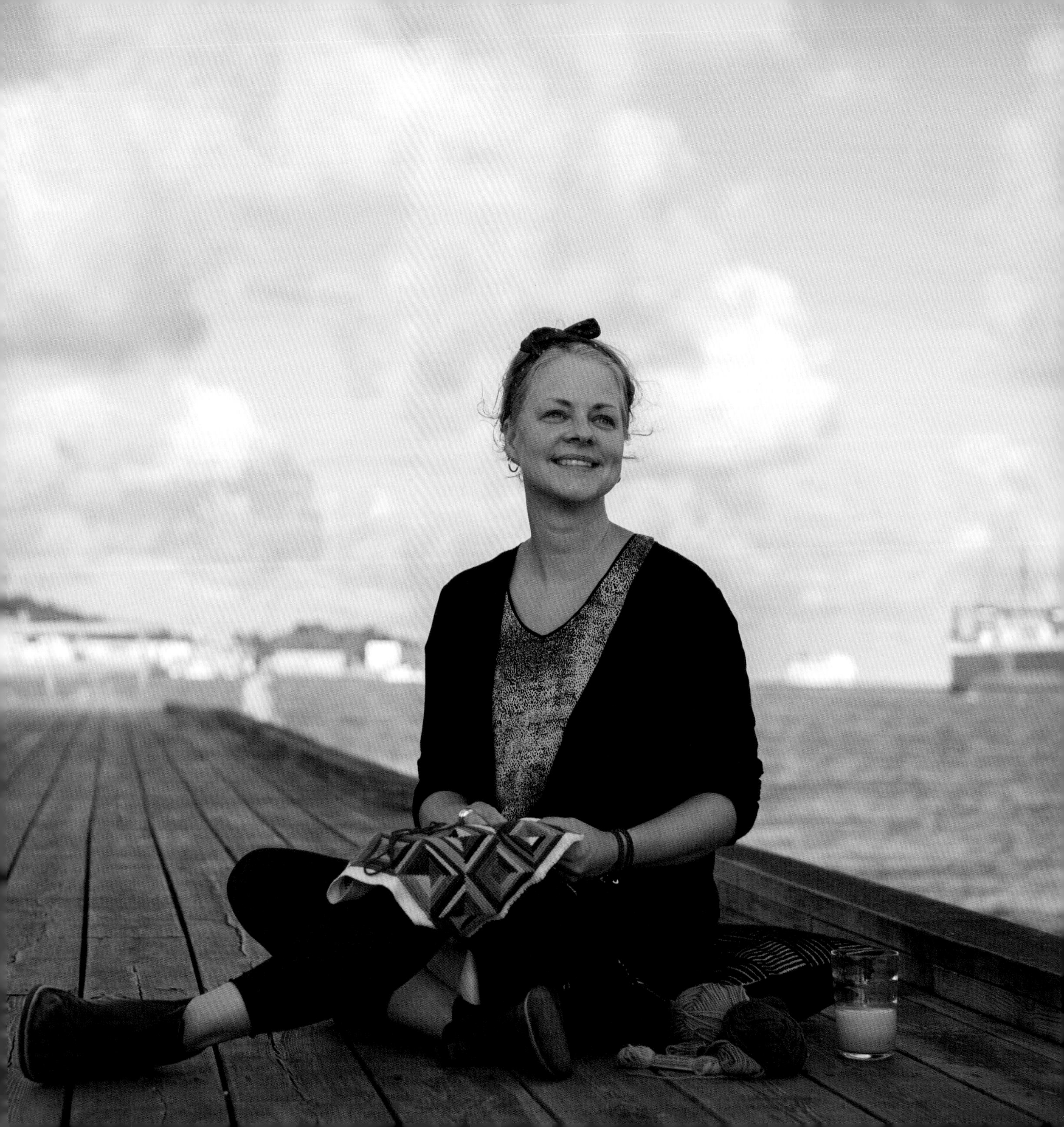

## Ein bisschen Geduld, etwas Zeit und jede Menge Lust!

Kreuzstiche sind leicht zu sticken und zu lernen. Man verkreuzt die Stiche miteinander; und das ist auch schon alles. Erforderlich ist ein bisschen Geduld, etwas Zeit und jede Menge Lust darauf. Wenn man außerdem auch grafische Muster mag, ist es noch einfacher.

Ein großer Vorteil des grafischen Stickens ist, dass man nur selten ein Zählmuster in Papierform dazu benötigt, denn es wiederholt sich. Man muss nur auf den vorhergehenden Rapport schauen, um zu sehen, wie der nächste Stich aussehen soll. Außerdem sieht man leicht, wenn man einen Fehler macht. Man merkt es gleich. Und wenn es schiefläuft, ist es leicht zu ändern.

Ich sticke leidenschaftlich gern. Mir geht es dabei nicht darum, dass es schnell geht; es darf gern Zeit kosten. Vielleicht ist es meine Revolte gegenüber allem, was heutzutage so schnell gehen muss.

Ich habe meine Stickarbeit eigentlich überall dabei: im Bus, im Wartezimmer oder bei einer Geburtstagsfeier. Meine Stickereien sind wie eine Art Tagebuchaufzeichnung, sie spiegeln verschiedene Perioden und Ereignisse in meinem Leben wider.

Manche Leute joggen kilometerweit durch den Wald, andere stehen stundenlang in der Küche und kochen. Ich entspanne mich mit Nadel und Faden, während gleichzeitig ein neues Muster Form annimmt.

Genug der Rede. Ziehen wir den Fingerhut an und legen los!

Maria

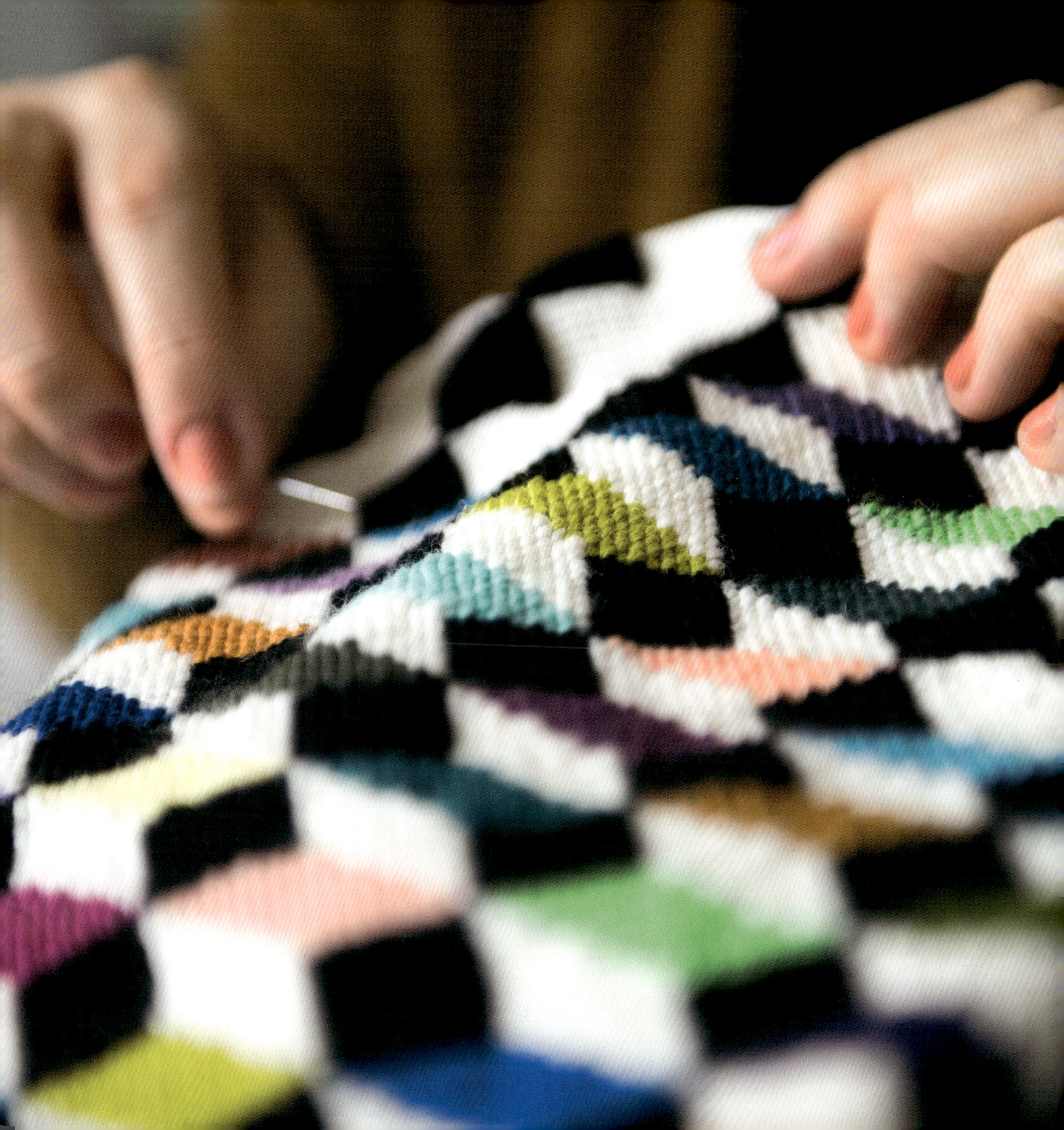

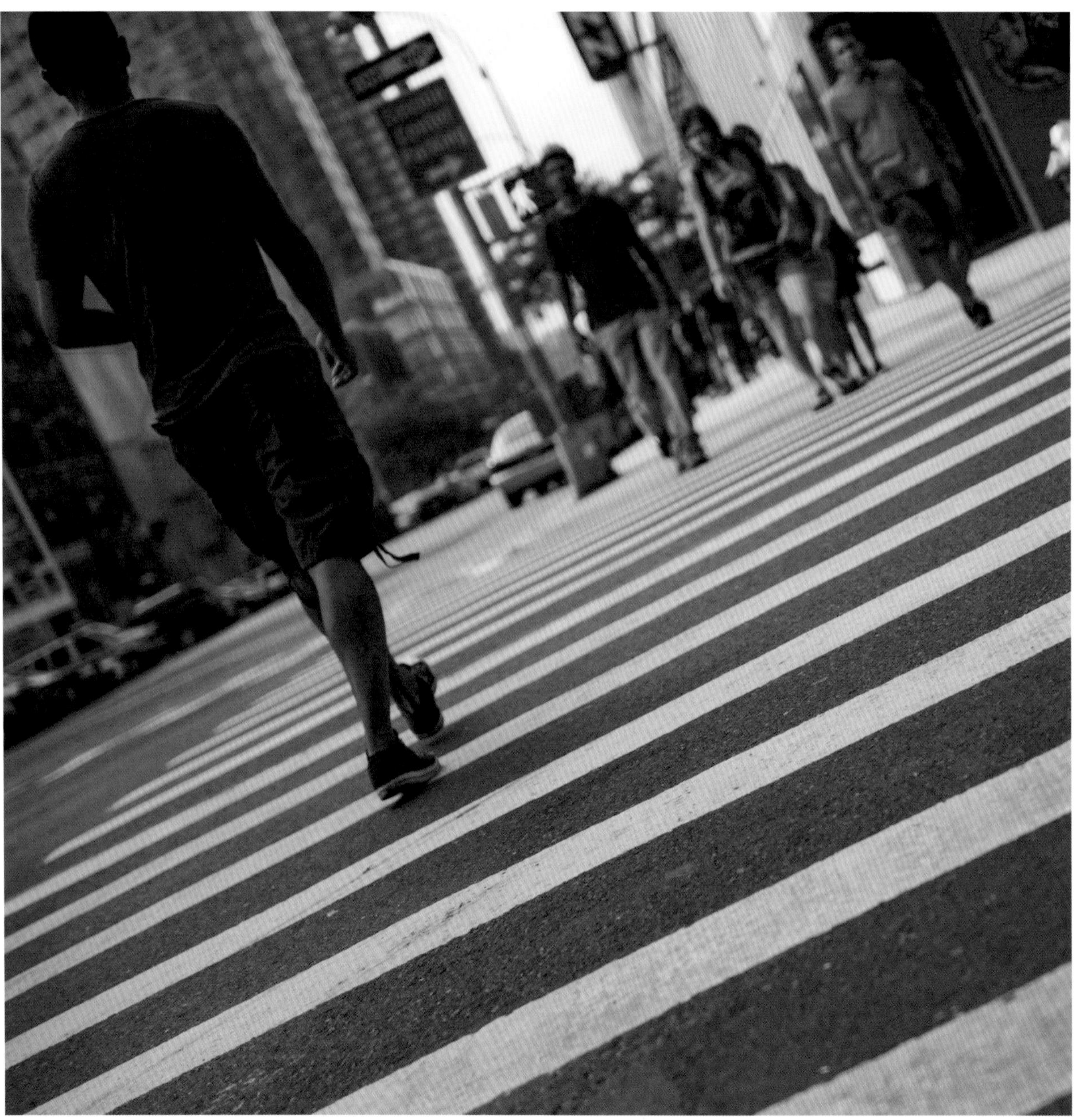

# MUSTER, DIE INSPIRIEREN

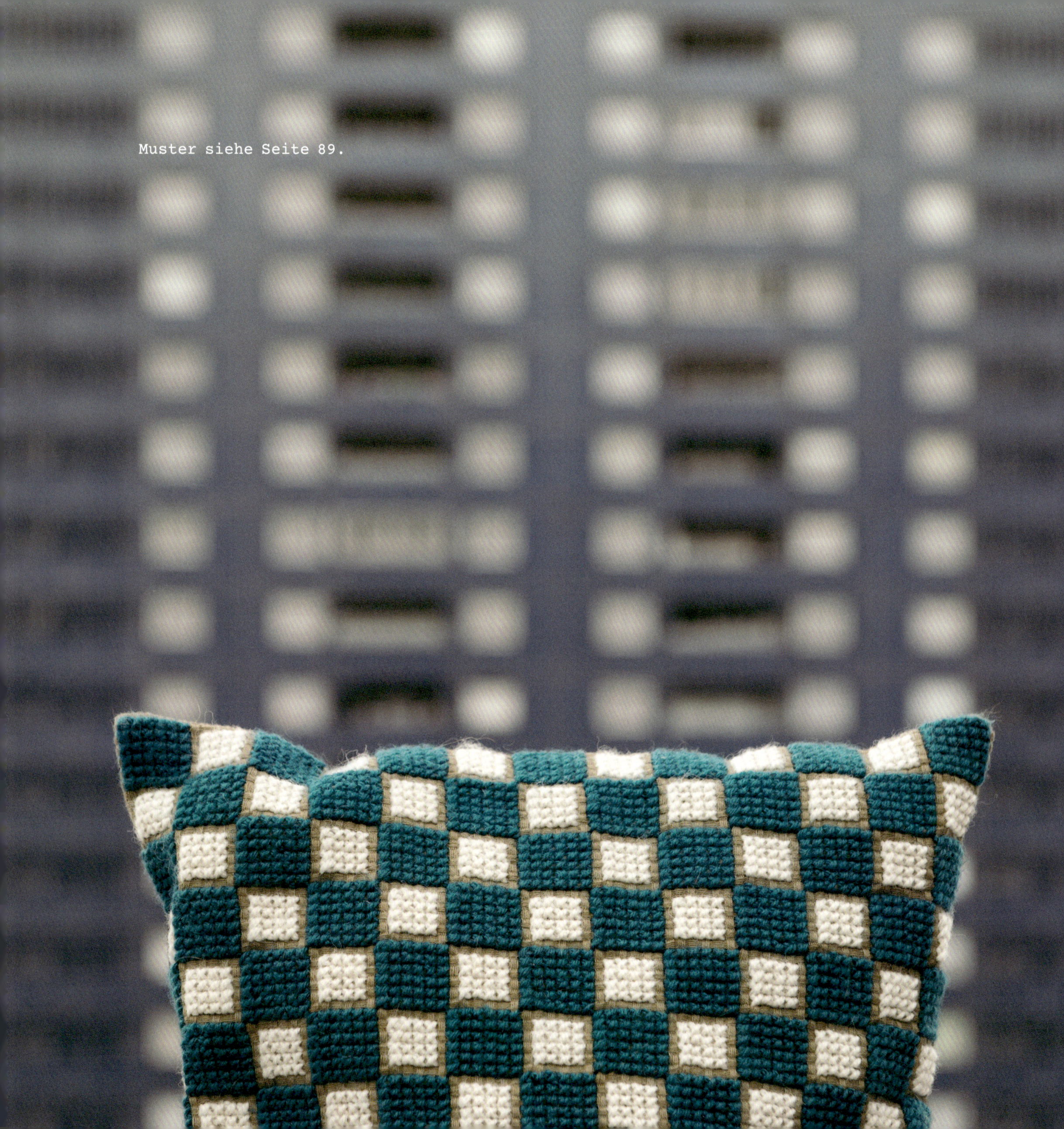
Muster siehe Seite 89.

## Rundherum Farben und Formen

Wenn man sich für grafische Stickmuster zu interessieren beginnt, stellt man schnell fest, dass einem die Ideen nie ausgehen. Inspiration findet man überall im täglichen Leben. Sei es der Fußgängerüberweg auf der Straße, der Anleger am See, das Muster der Pflastersteine auf dem Markt oder das der Fliesen im Badezimmer. Rund um uns herum gibt es Farben, Formen und Designs, die sich in eine Stickerei umwandeln lassen.

**Zu einem Muster umwandeln**
Bevor man anfängt zu sticken, sollte man das Muster skizzieren. Dazu gibt es verschiedene Möglichkeiten. Ist das Muster nicht so kompliziert, reicht ein Blatt kariertes Papier. Wer lieber mit dem Computer arbeitet, findet mit Excel ein gutes Tool. Auch die Software, mit der man Schablonenn für Bügelperlen entwerfen kann, eignet sich gut für Stickmuster. Es gibt auch Programme speziell für Kreuzstichmuster. Diese Programme können jedes beliebige Bild lesen und entsprechende Muster erstellen. Im Internet finden Sie eine Fülle von Tipps dazu.

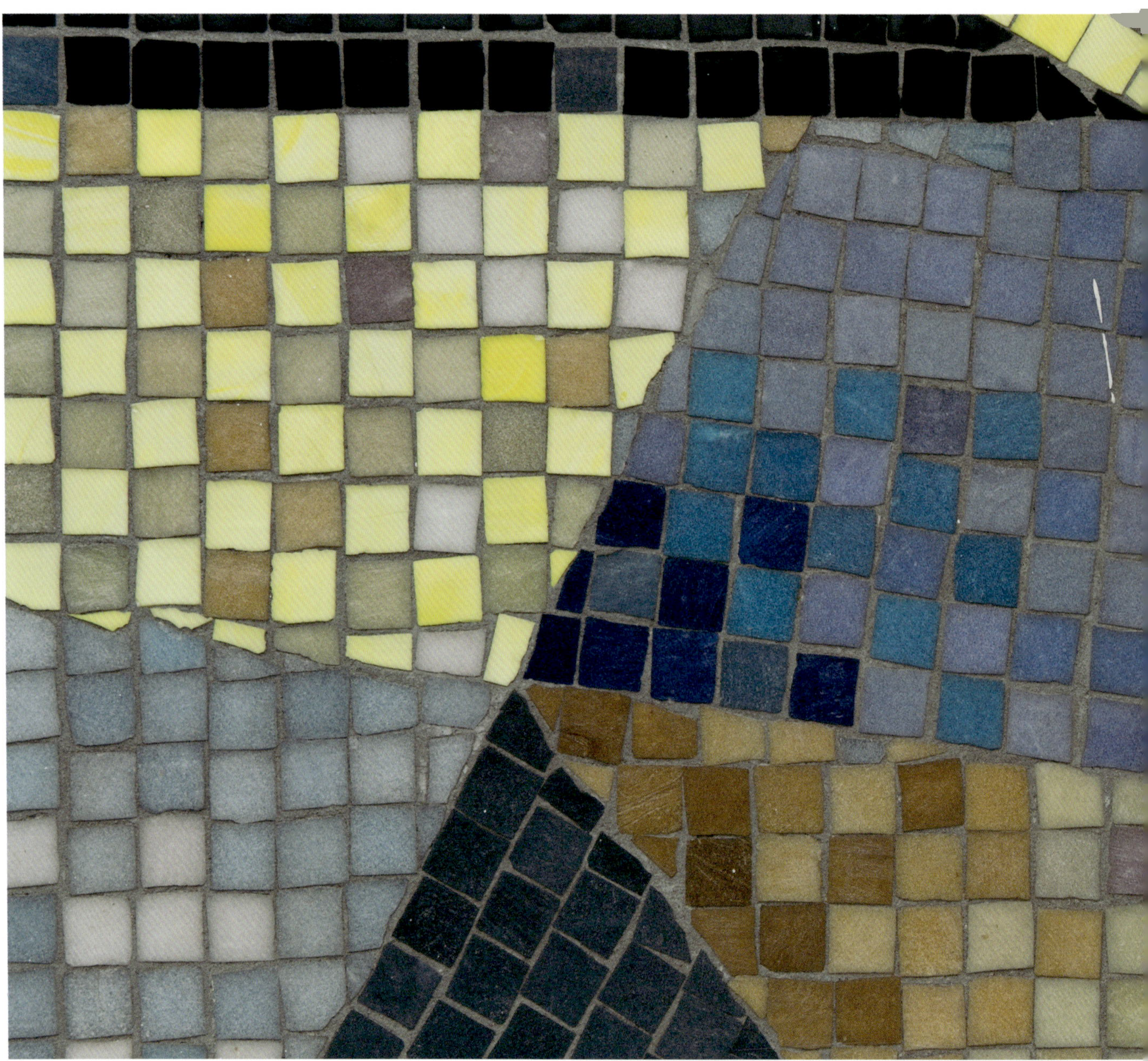

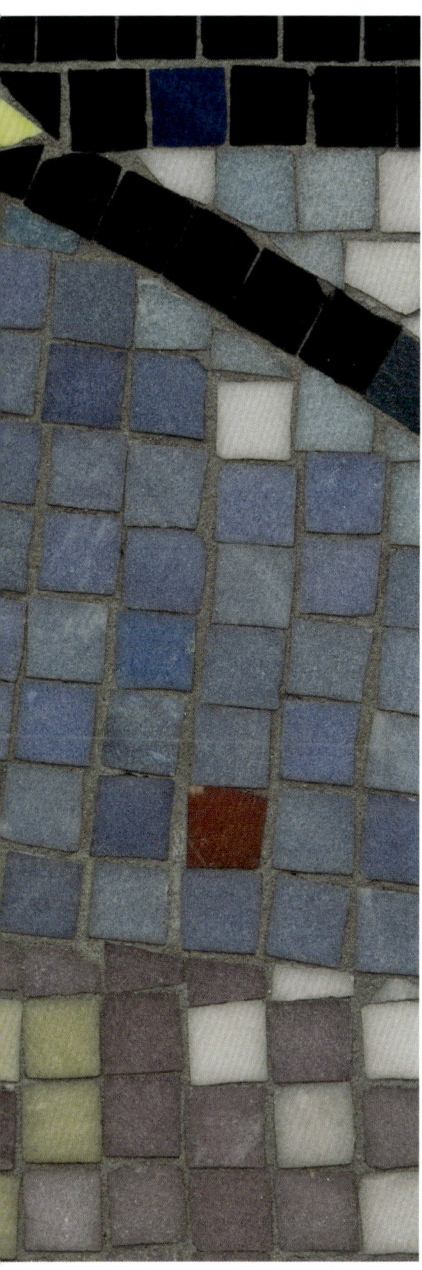

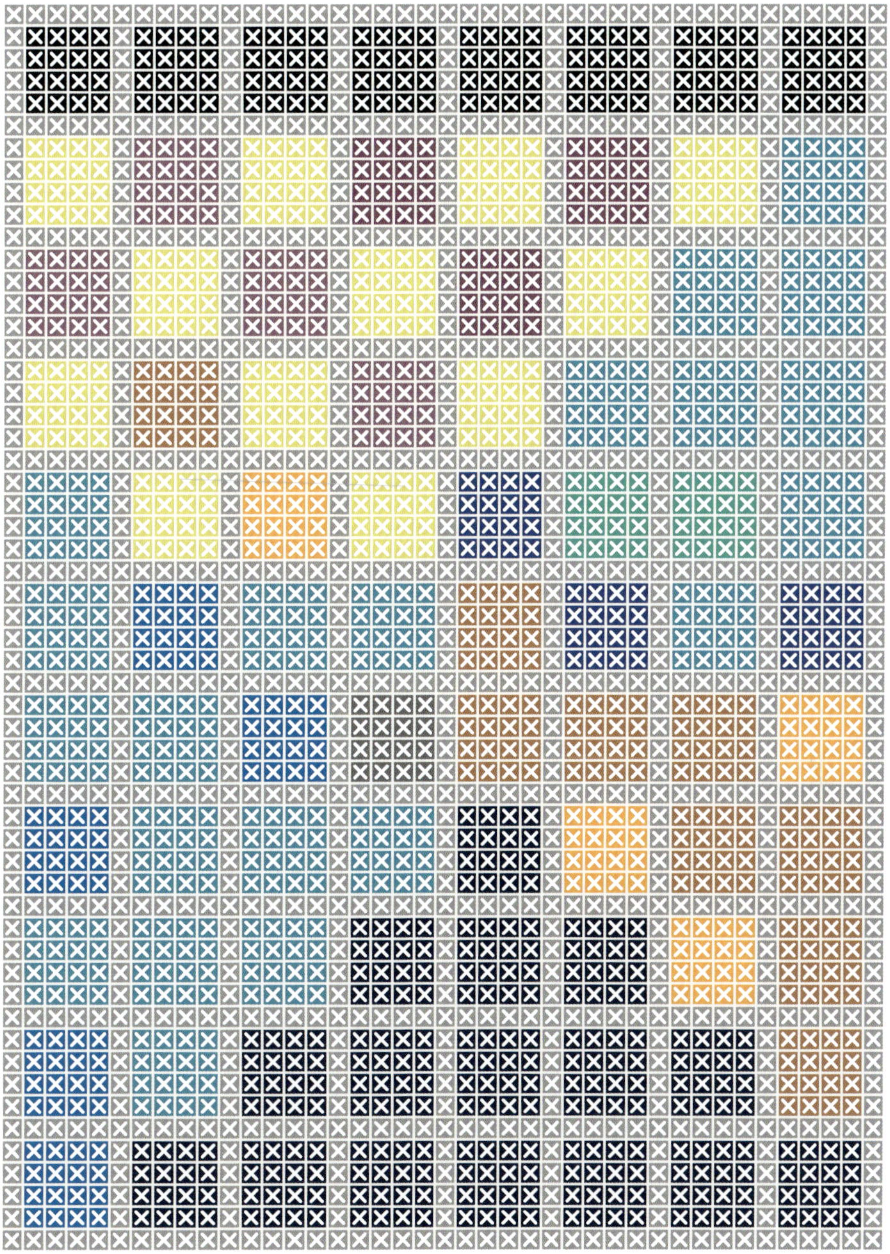

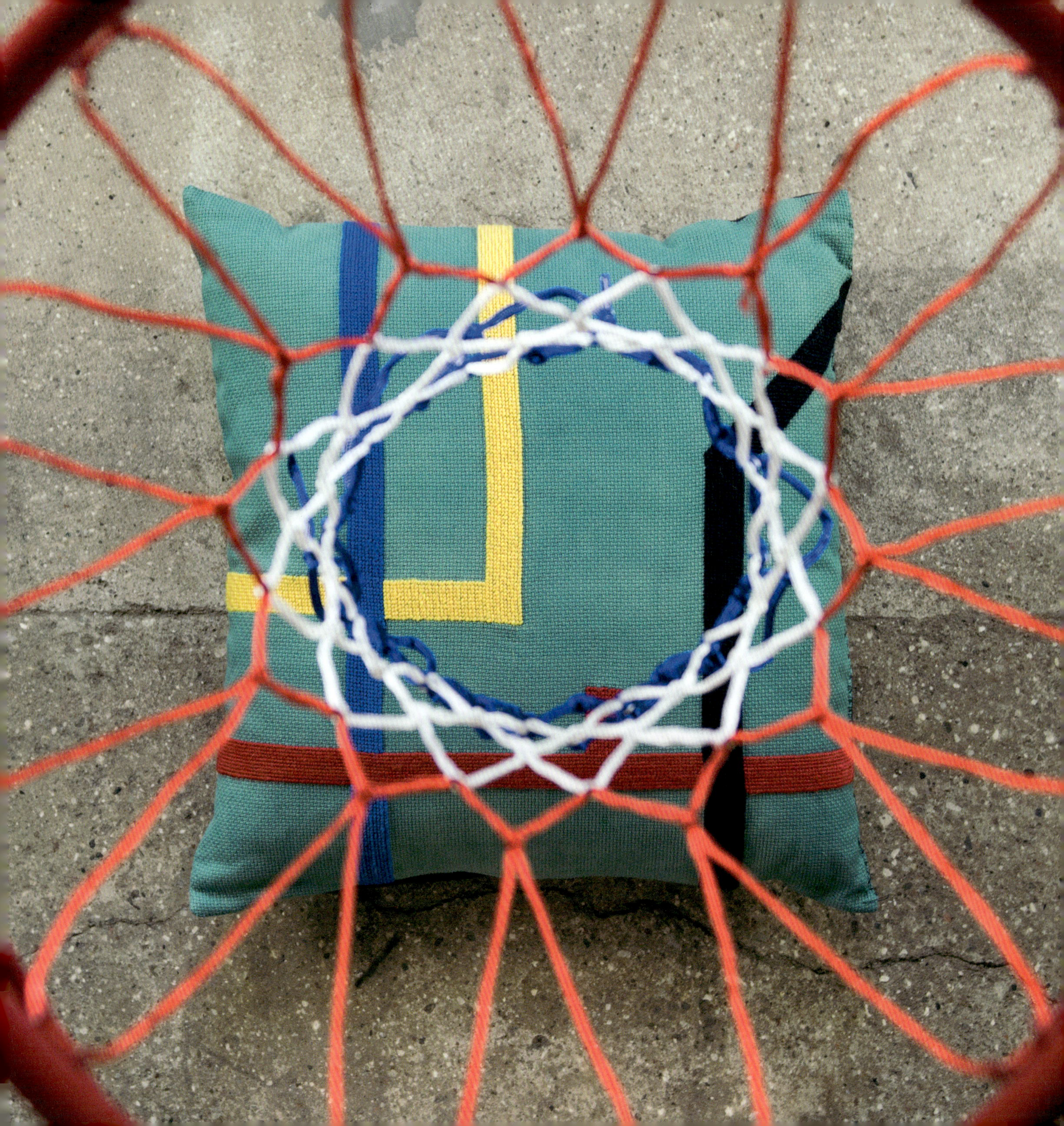

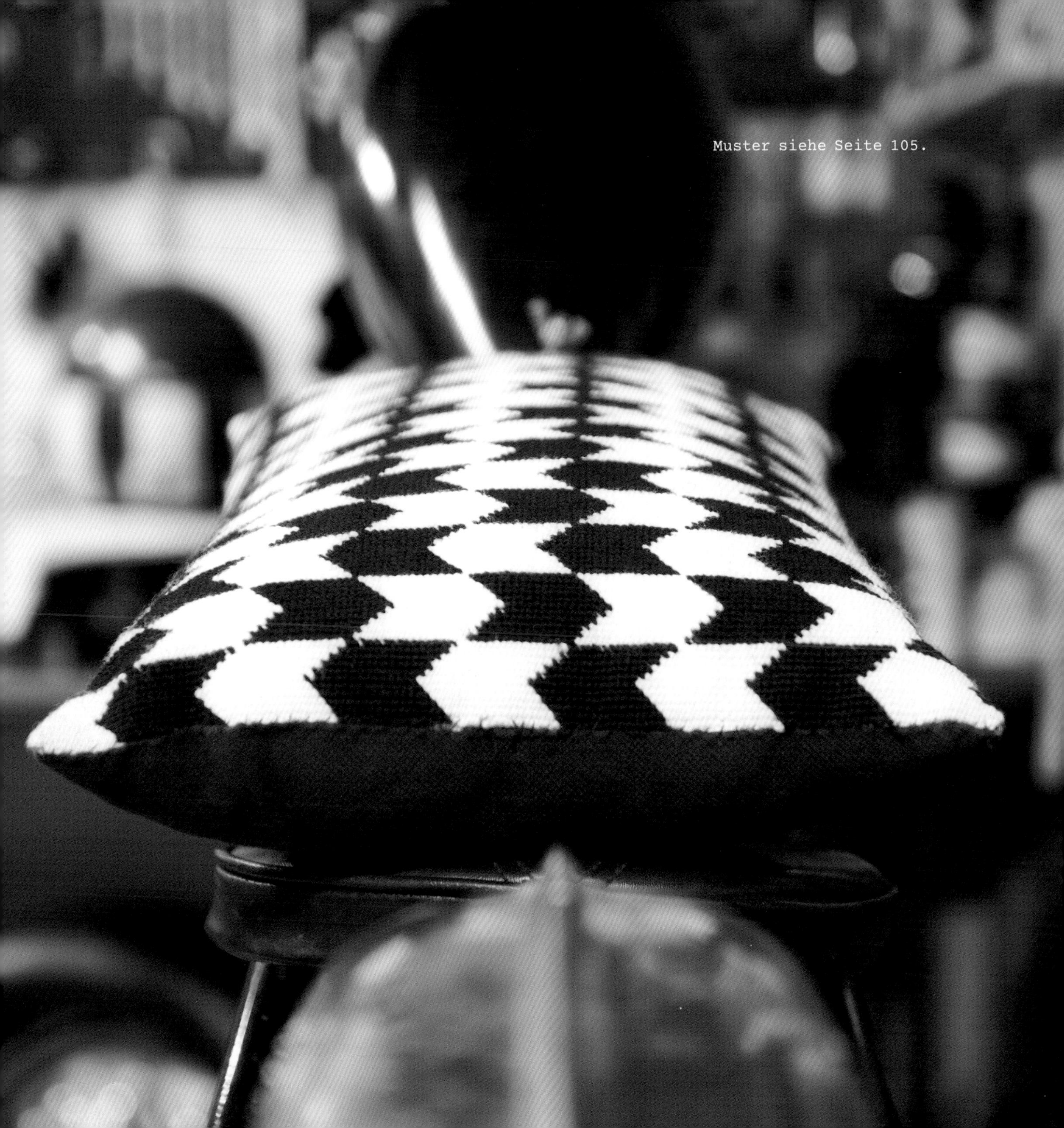

Muster siehe Seite 105.

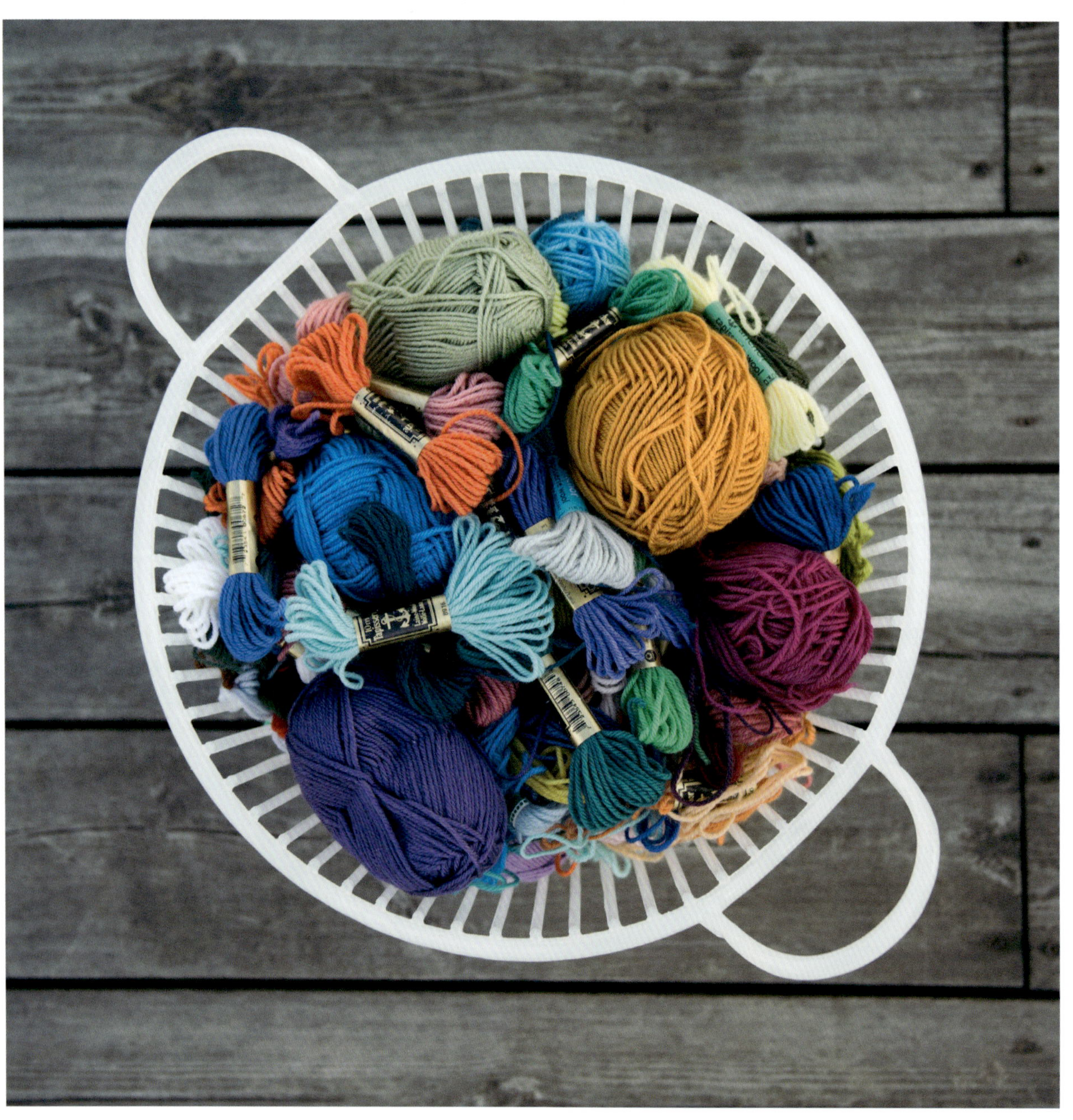

# VORBEREITUNGEN ZUM STICKEN

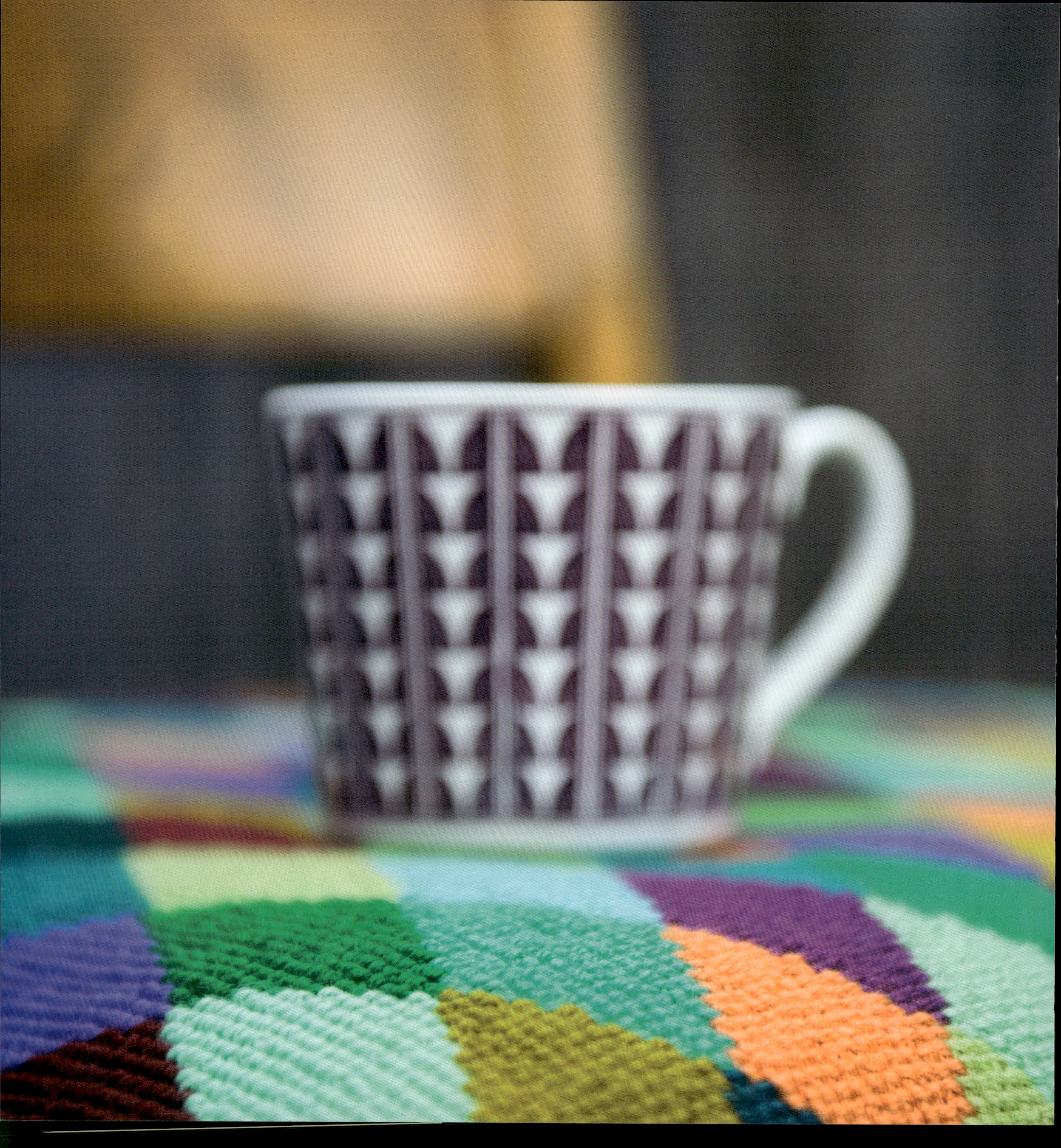

## Fünf Dinge, und es kann losgehen:

Sticken ist ein einfaches Hobby. Es erfordert weder eine aufwendige Vorbereitung noch ein dickes Portemonnaie. Für den Anfang braucht man eigentlich nur fünf Dinge: eine Idee, einen passenden Stoff, Nadel, Faden und Schere.

**Geeignete Stoffe**
Es gibt verschiedene Arten von Stickereistoffen. Die meisten Stickereien aus diesem Buch sind auf Aida-Stoff gearbeitet, einem Baumwollgewebe mit Kästchenstruktur, das deutlich zeigt, wo man mit der Nadel einstechen muss. Aida-Stoffe werden mit der Anzahl der Löcher pro Zentimeter gemessen, wobei die Löcher auch unterschiedliche Größen haben können. Je größer die Kästchengröße, umso stärker muss das Garn sein, um den Stoff damit zu überdecken.

Einige Beispiele für Kästchengrößen bei Standardmaßen:
Aida-Stoff fein, 5,4 Loch/cm - passt gut für den einfachen Kreuzstich
Aida-Stoff mittel, 4,5 Loch/cm
Aida-Stoff grob, 3,3 Loch/cm

Wenn vom Stickereistoff noch etwas sichtbar sein soll, ist auch Leinenstoff eine ausgezeichnete Grundlage. Er hat eine feine, gleichmäßige Struktur und wirkt auch allein durch seine schöne Struktur. Leinenstoff wird mit der Fadenanzahl pro Zentimeter gemessen.

**Nadel und Schere**
Sie benötigen eine stumpfe Sticknadel und eine kleine scharfe Schere. Entscheiden Sie selbst, ob Sie auch einen Fingerhut und einen Stickrahmen verwenden wollen. Das ist Geschmacksache.

**Garn**

Da man viel Zeit und Energie in seine Stickerei investiert, lohnt es sich auch, mit dem besten Material zu arbeiten. Das Garn muss strapazierfähig sein, wenn es immer wieder durch den Stoff gezogen wird. Deshalb eignen sich manche Garne besser zum Sticken als andere. In diesem Buch sind die Stickereien mit Wollgarn gemacht. Es ist strapazierfähig, schmutzabweisend und hat eine gute Qualität (zum Beispiel von Anchor oder DMC, empfohlene Stärke: 40). Außerdem ist es eine schöne alte Tradition, mit Wollgarn zu sticken.

Daneben sollte man auch darauf achten, dass Garn und Stoff zusammenpassen. Das Garn sollte leicht durch das Gewebe gleiten, und die Stickerei darf nicht zu hart und zu steif werden. Häufig kann man in Handarbeitsgeschäften das Garn testen und schauen, ob es mit dem Stoff gut harmoniert.

**Tipps:**

Nehmen Sie besser ein Naturweiß statt Reinweiß. Es ergibt schönere Kontraste und ist weniger empfindlich bei Flecken.

Manchmal findet man auf Flohmärkten Garnreste für wenig Geld. Damit können Sie Stickereien in vielen verschiedenen Farben anfertigen, ohne sich finanziell zu ruinieren.

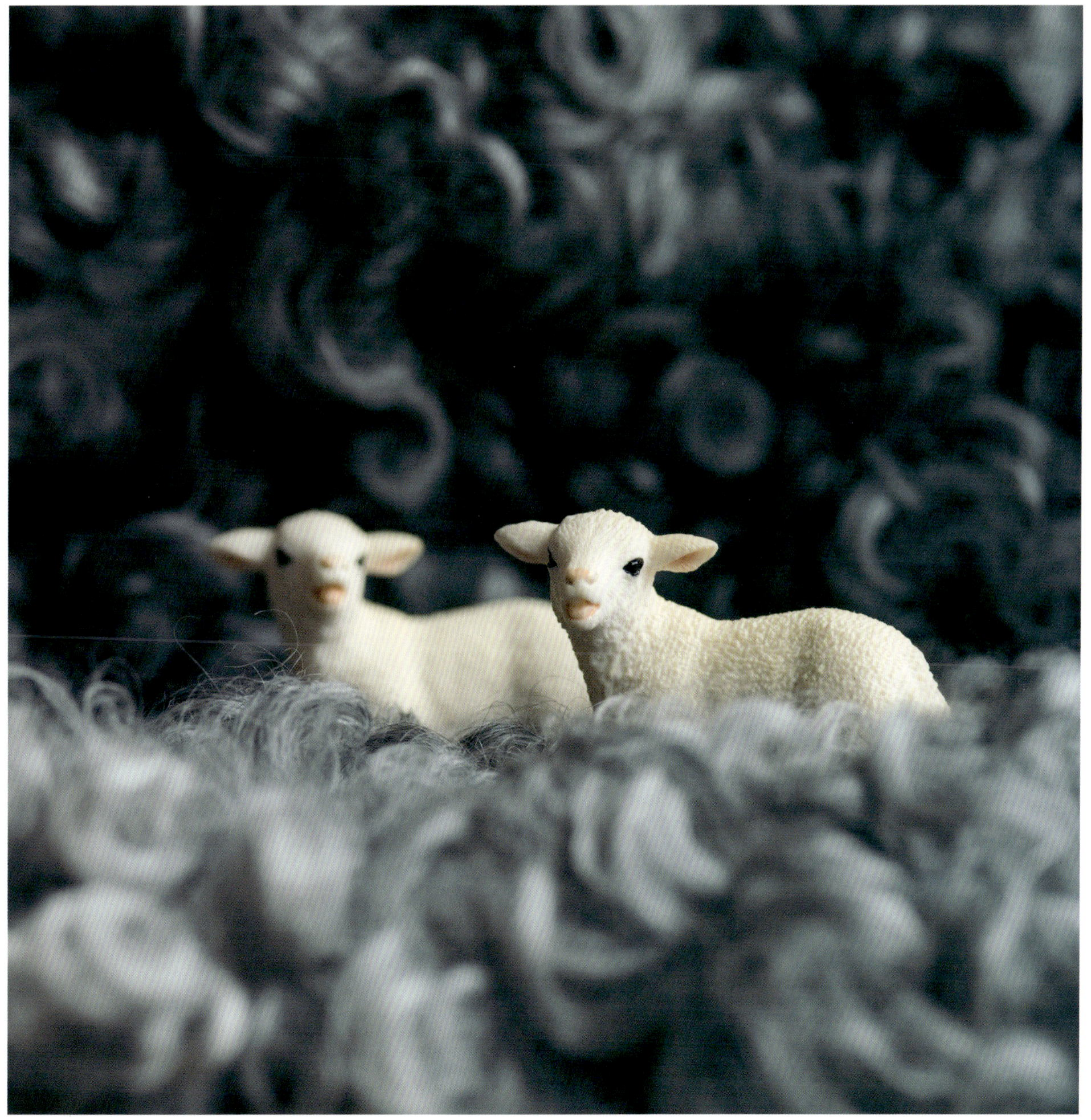

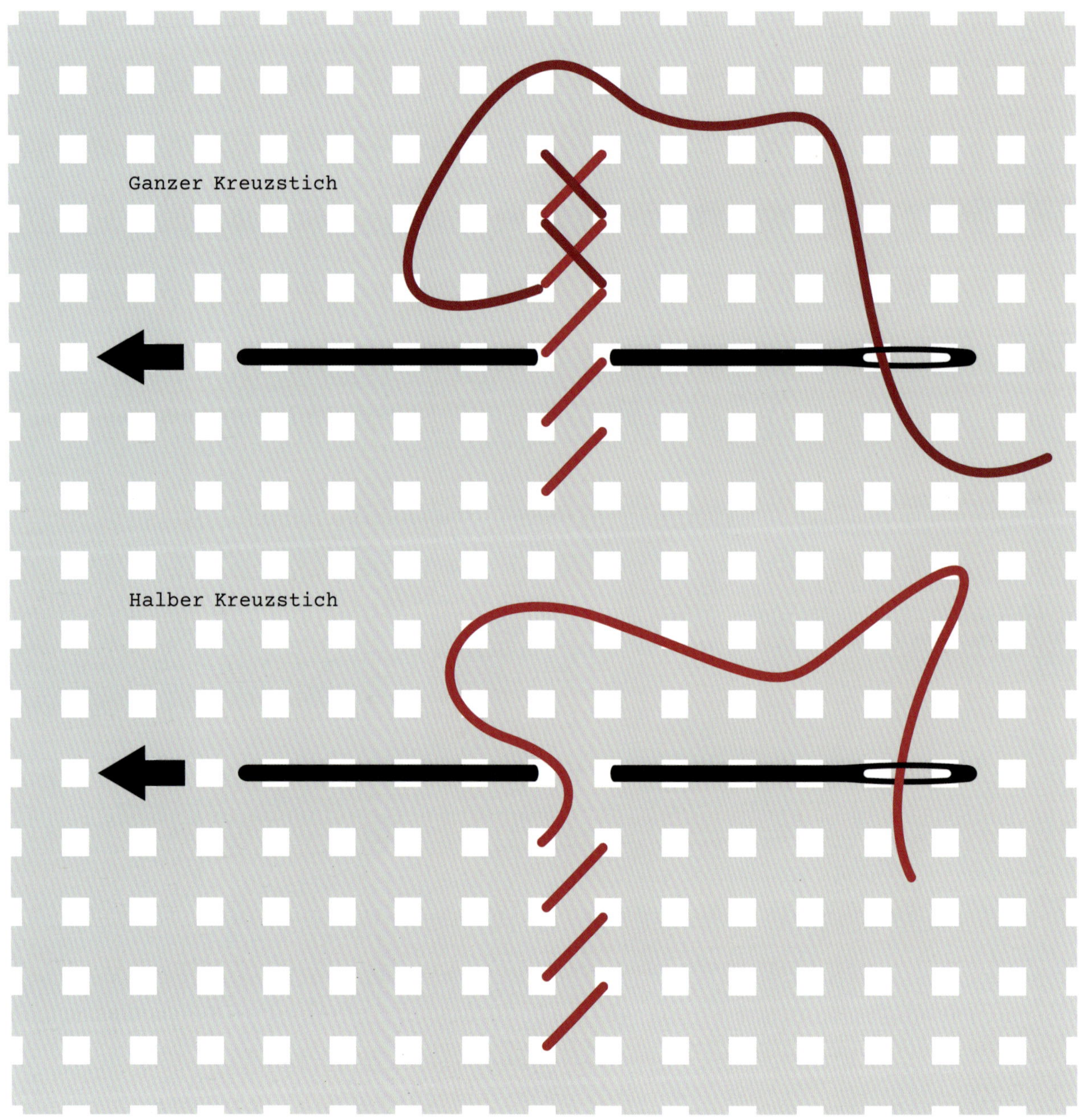
Ganzer Kreuzstich
Halber Kreuzstich

**Ganze und halbe Kreuzstiche**

Die Stickereien in diesem Buch sind mit ganzen oder halben Kreuzstichen gearbeitet. Ganze Kreuzstiche machen eine Stickerei stabiler und etwas kräftiger. Mit halben Kreuzstichen passt sich der bestickte Stoff besser an und ist biegsamer. Man beginnt am besten am linken Stoffrand und stickt von unten nach oben. Der Stickfaden sollte ungefähr 50 Zentimeter lang sein.

Halbe Kreuzstiche bestehen aus schrägen Stichen, die in die gleiche Richtung zeigen. Wenn Sie halbe Kreuzstiche machen und die Reihe wechseln, drehen Sie die Stickerei um 180 Grad und sticken die nächste Reihe. Das ist am einfachsten.

Beachten Sie, dass sich bei halben Kreuzstichen die Stickerei leicht verzieht und schräg wird. Schauen Sie deshalb beim Sticken immer mal darauf und ziehen Sie gegebenenfalls am Stoff, damit er schön gleichmäßig bleibt. Aber ziehen Sie nicht zu fest, damit sich die Stoffstruktur nicht verändert. Sollte die fertige Arbeit trotzdem leicht schief sein, legen Sie sie in Wasser und ziehen Sie sie vorsichtig auseinander. Danach flach liegend trocknen lassen.

Für ganze Kreuzstiche werden zunächst halbe Kreuzstiche gestickt, dann gewendet und in entgegengesetzter Richtung gestickt. Führen Sie die Nadel so durch das Loch, dass der Unterstich stets in eine Richtung und der Oberstich in die andere Richtung zeigt. So erhält man eine gleichmäßige Stickerei.

**Faden vernähen**

Sticken Sie nicht den ganzen Faden zu Ende, sondern lassen Sie etwa fünf Zentimeter übrig. Damit wird der Faden durch die Stiche auf der Rückseite vernäht. Schneiden Sie dann den letzten Rest ab, der übersteht. Vernähen Sie die Fäden gleich, damit Sie nicht versehentlich einen Fadenrest einsticken. Es passiert leicht, dass diese dann auf der Vorderseite erscheinen. Früher sagte man, dass die Rückseite genauso schön sein müsse wie die Vorderseite. Da ist etwas dran.

## Special: Reihenwechsel beim ganzen Kreuzstich

Wenn die Kreuzstiche in der untersten Reihe direkt nebeneinanderliegen, entsteht ein kleines Dilemma. Damit die Stiche in der gleichen Richtung liegen, muss man die Reihe wechseln, wie das Beispiel unten zeigt.

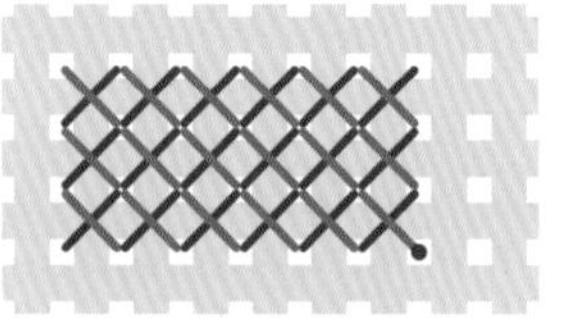

1. Der letzte Kreuzstich der Vorreihe ist fertig.

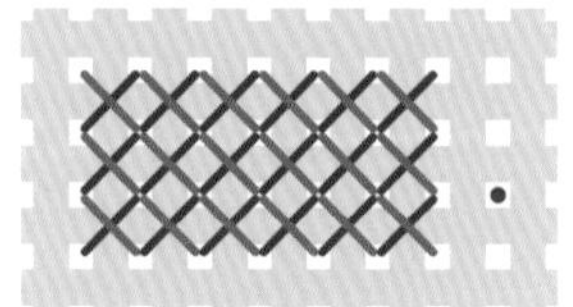

2. Die Nadel durch das Loch der oberen rechten Ecke ausstechen.

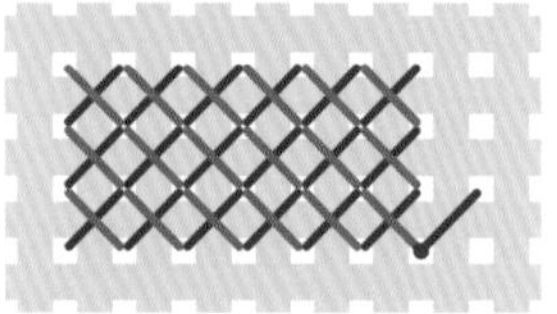

3. In das Loch der unteren linken Ecke einstechen.

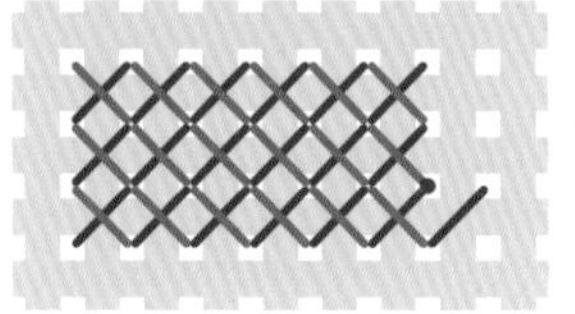

4. Die Nadel durch das Loch der oberen linken Ecke ausstechen und weitersticken wie zuvor.

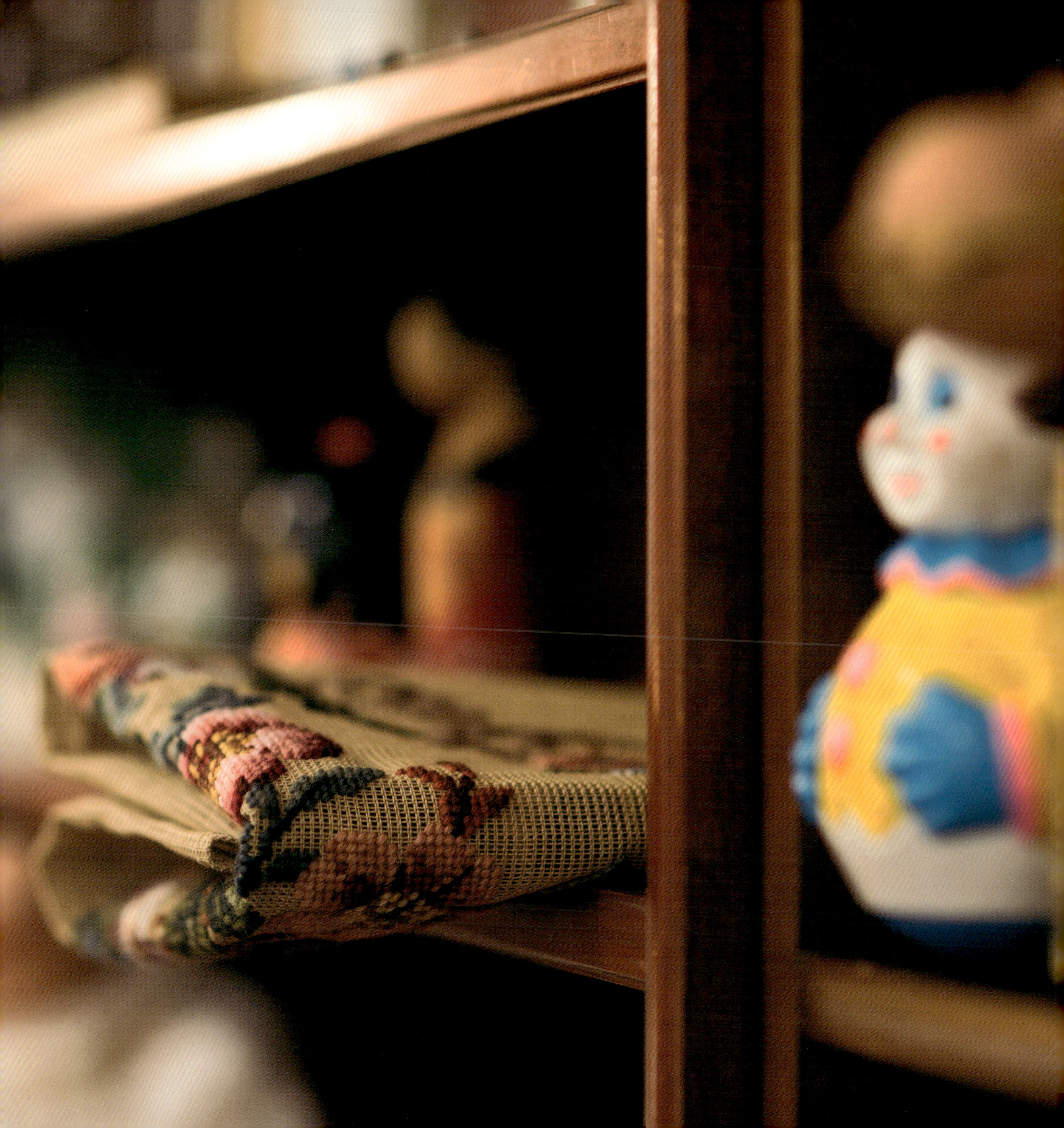

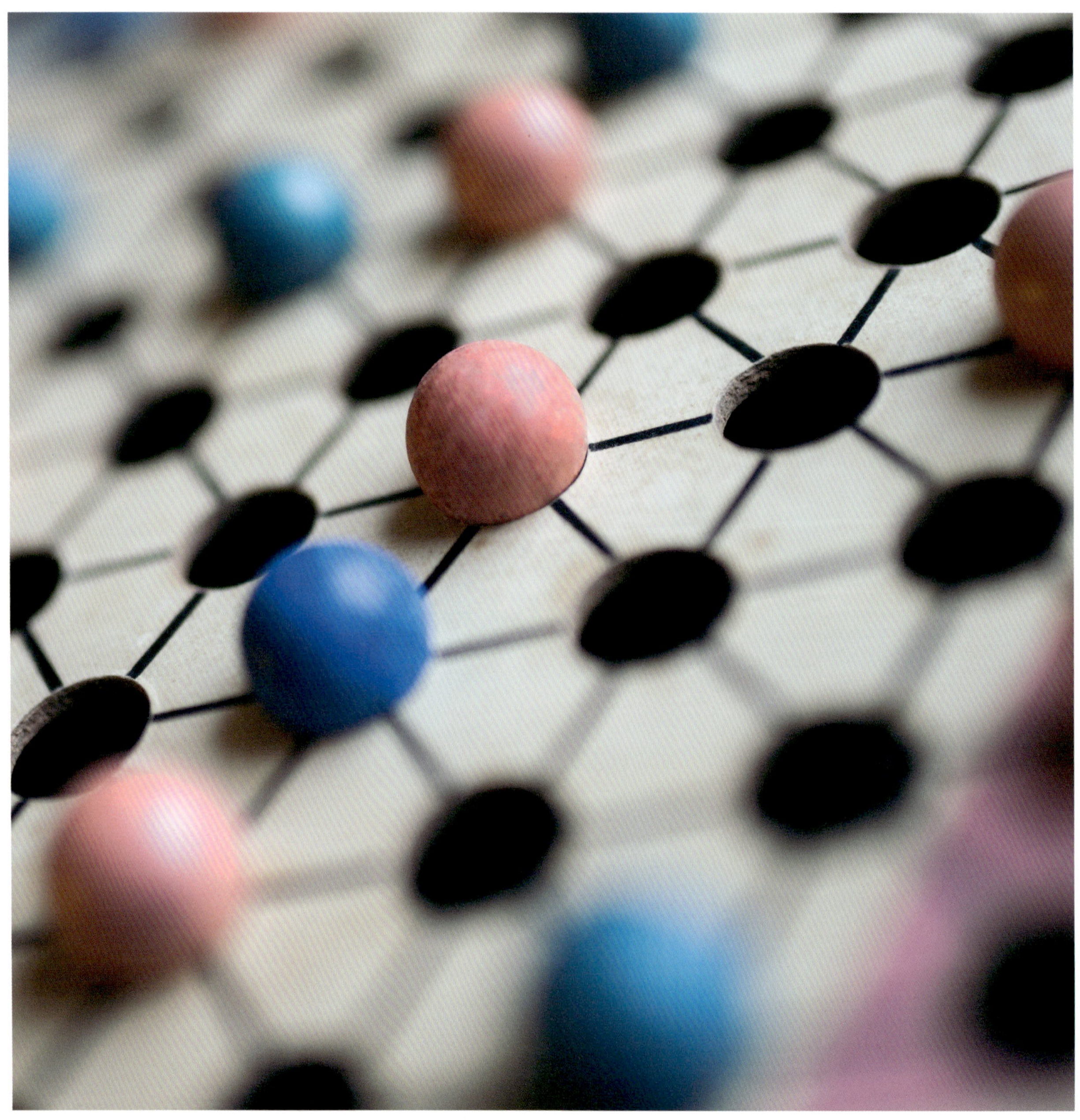

# ZWEIFARBIG

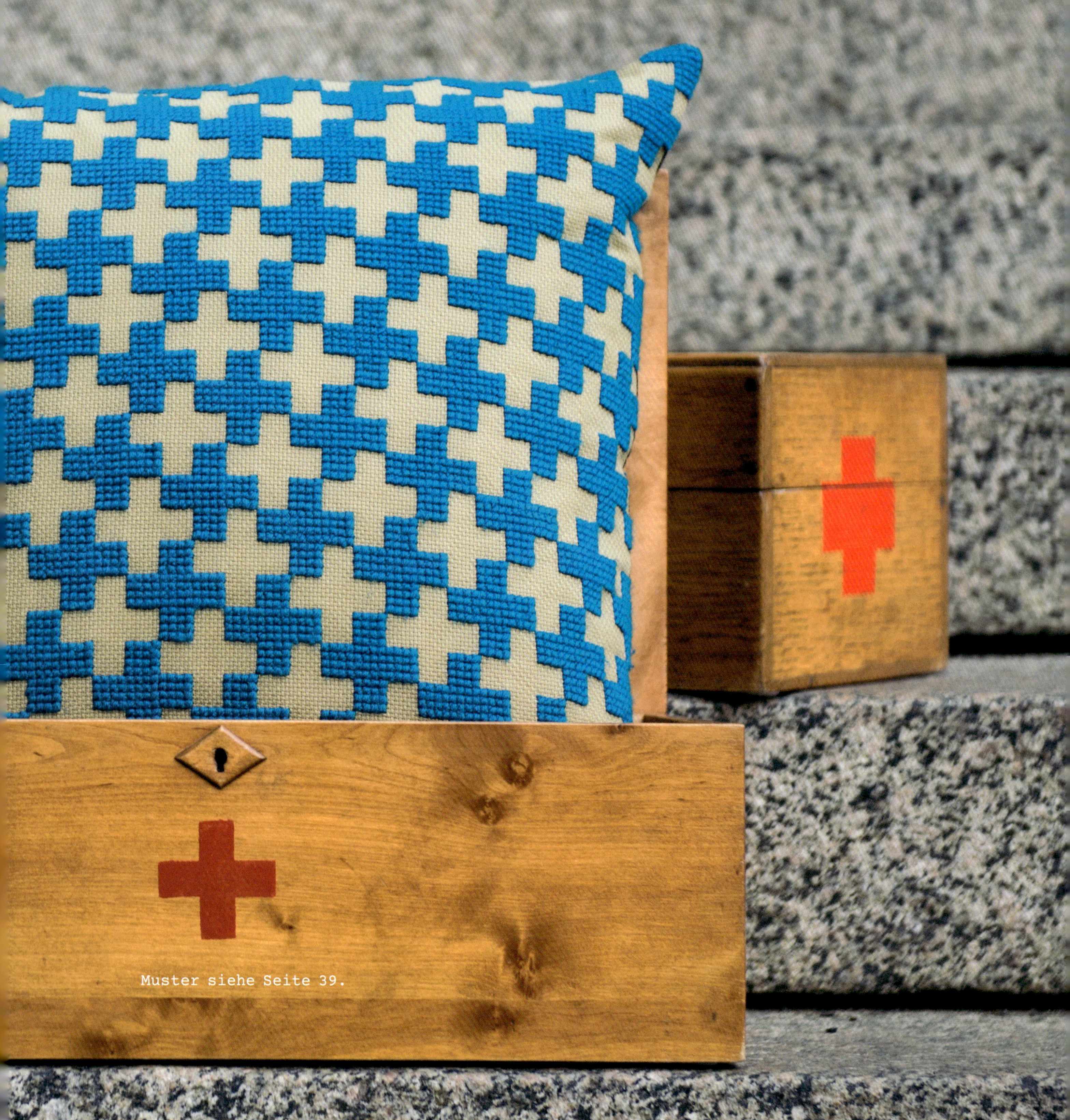

Muster siehe Seite 39.

## Ton in Ton oder als Kontrastfarbe

Schöne, harmonische, hübsche und witzige Farbkombinationen findet man eigentlich überall. Es können die Farben in einer Anzeige, in einem Graffiti oder in einem Halstuch von jemandem sein.

Manche Farben verstärken sich noch im Zusammenspiel, wie zum Beispiel Gelb mit Lila, Orange mit Blau, Rot mit Grün. Man nennt sie Komplementärfarben, die sich im Farbkreis gegenüberliegen. Es gibt aber keine richtigen und falschen Farbkombinationen. Lassen Sie sich einfach von Ihrem Auge und Ihrer Vorliebe leiten.

## Kreuz und quer

Dieses Kissen ist voller Kreuze, manche sind gestickt, andere nicht. Der nugatbraune Stoff kommt zwischen dem türkisenen Muster auch als Kreuz hervor. Jeder Kreuzstich geht über vier Löcher im Stoff statt über eins.
Maße: 50 x 50 cm (ohne Nahtzugabe)

**Material:** Aida-Stoff (5,4 Loch/cm) in Nugatbraun, Wollgarn in Türkis, Nadel und Schere.

- Unten links am Stoff beginnen, aber 4 cm Nahtzugabe frei lassen.
- Vier halbe Kreuzstiche von unten nach oben sticken. Wenden, dann zurück die ganzen Kreuzstiche arbeiten. Drei weitere Reihen genauso sticken.
- Nun vier Löcher nach unten gehen und dort zwölf halbe Kreuzstiche von unten nach oben sticken. Wenden, dann zurück die ganzen Kreuzstiche arbeiten. Drei weitere Reihen genauso sticken.
- Danach je vier Kreuzstiche in vier Reihen sticken - genauso wie zuvor. Und voilà, fertig ist ein Kreuz.
- So weitersticken, bis das Muster den gesamten Stoff (bis auf die Nahtzugabe) bedeckt. Manche Kreuze sind am Rand nicht vollständig, das Muster wirkt aber insgesamt komplett.

Achten Sie beim Reihenwechsel darauf, dass die Stiche immer in dieselbe Richtung weisen (siehe Tipp auf Seite 32).

Wie das Kissen genäht wird, finden Sie auf Seite 45.

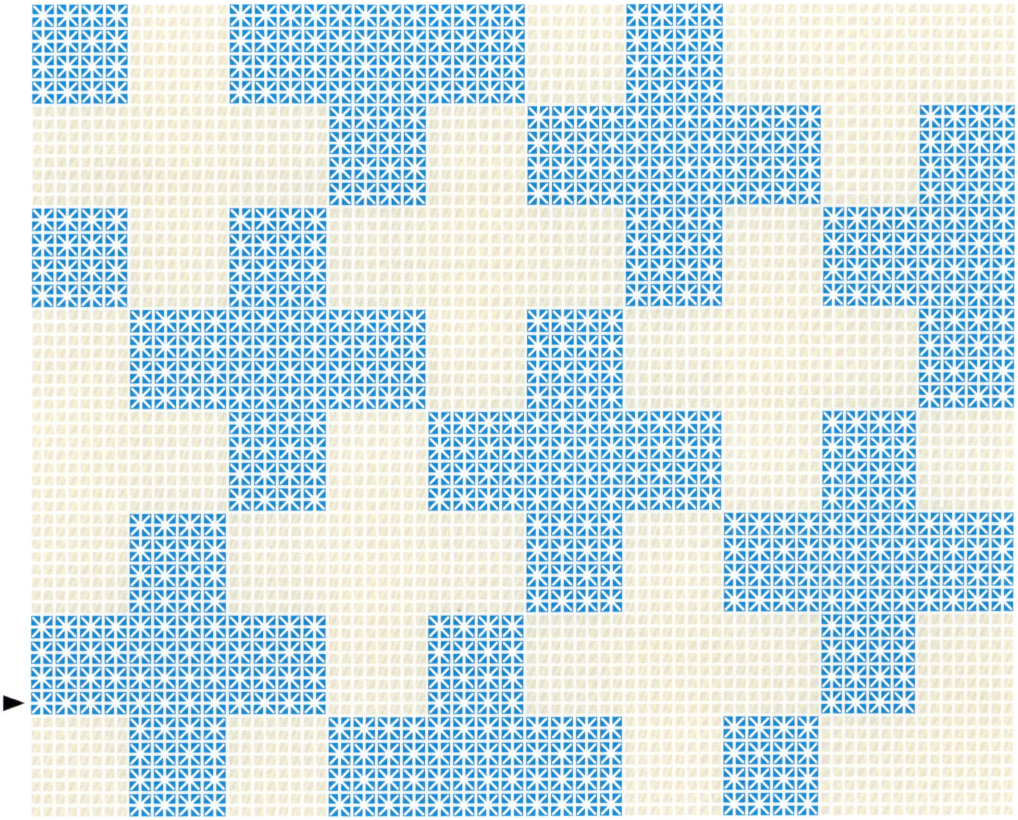

Das Kissen finden Sie auf Seite 36.

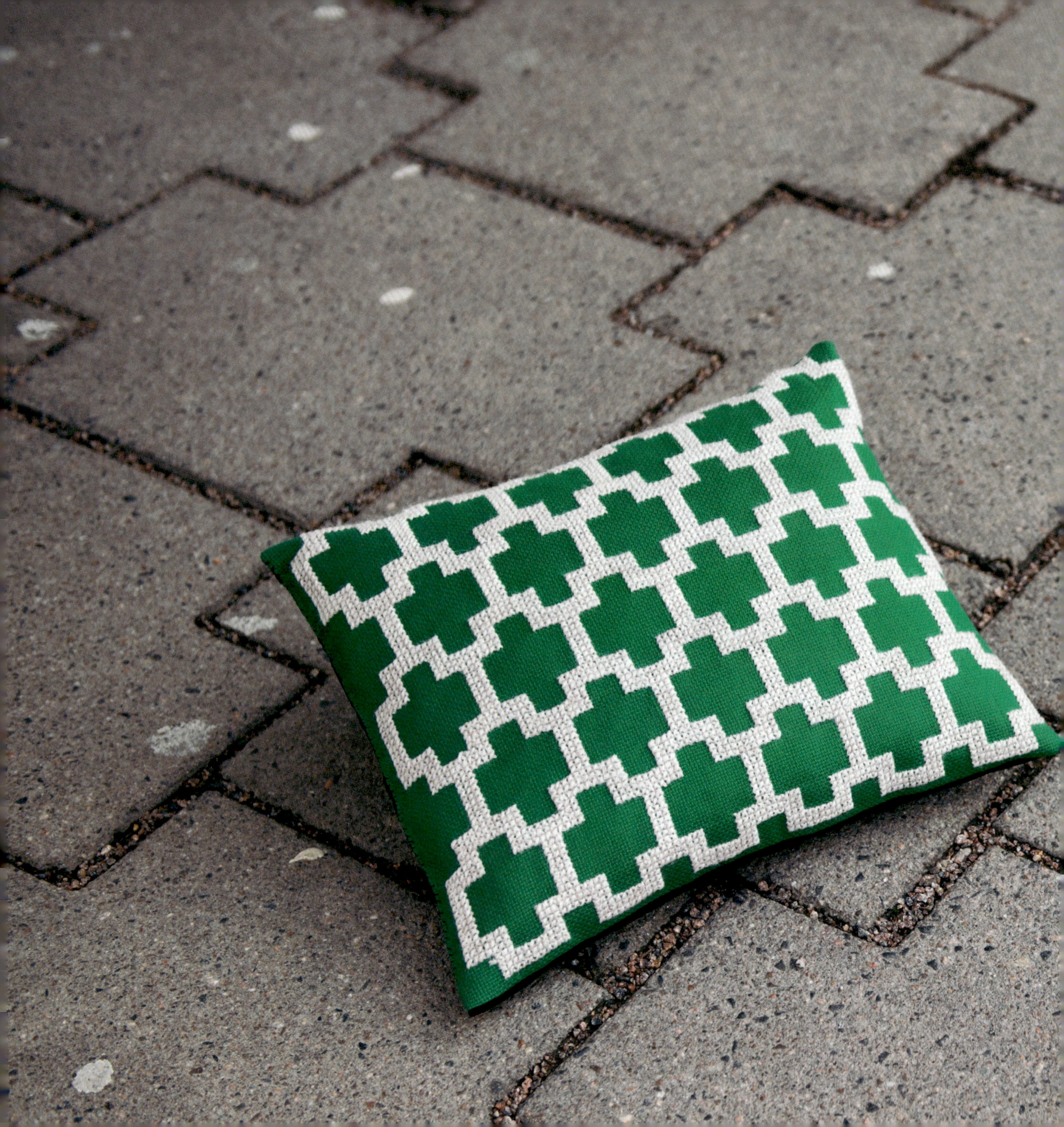

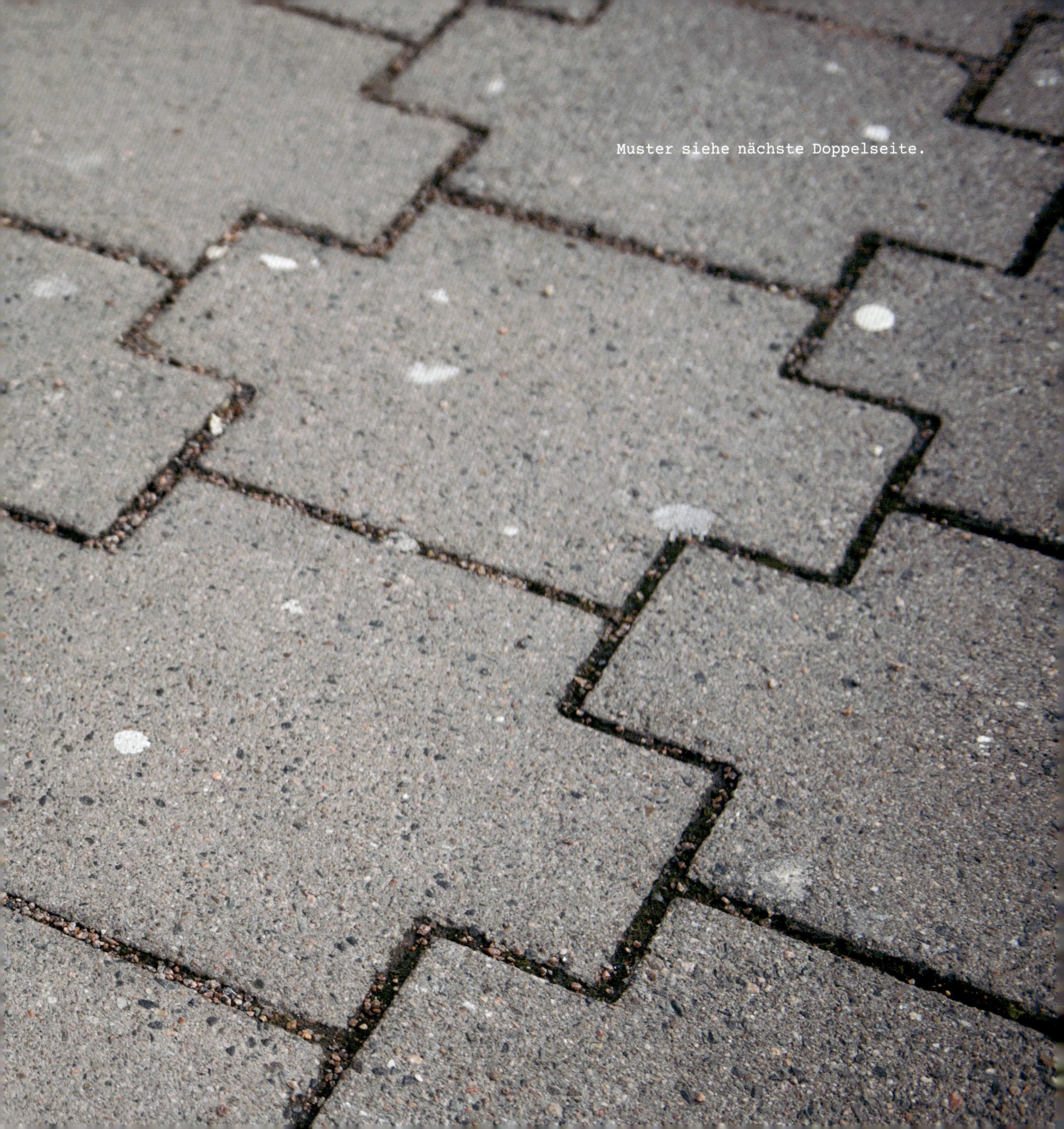

Muster siehe nächste Doppelseite.

## Piazza

Dieses Kissen ist von der Bepflasterung eines Platzes inspiriert, der schon bessere Tage gesehen hat. Dennoch ist er es wert, auf diese Weise verewigt zu werden. Jeder Kreuzstich geht über vier Löcher im Gewebe, statt über eins.
Maße: 29 x 37 cm (ohne Nahtzugabe).

**Material:** Aida-Stoff (5,4 Loch/cm) in Grün, Wollgarn in Graubeige, Nadel und Schere.

- Unten links am Stoff beginnen, aber 4 cm Nahtzugabe frei lassen.
- Drei halbe Kreuzstiche von unten nach oben sticken. Wenden, dann zurück die ganzen Kreuzstiche arbeiten. Drei weitere Reihen genauso sticken.
- Nun vier Löcher nach unten gehen und dort sieben halbe Kreuzstiche von unten nach oben sticken. Wenden, dann zurück die ganzen Kreuzstiche arbeiten. Zwei weitere Reihen genauso sticken.
- Reihe wechseln und fünf Reihen mit je drei Kreuzstichen sticken.
- Reihe nochmals wechseln und drei Reihen mit je sieben Kreuzstichen sticken.
- Reihe wechseln und vier Löcher nach oben gehen. Dort eine Reihe mit drei Kreuzstichen sticken. Nun ist ein Musterrapport fertig.
- Den Rapport noch sechsmal wiederholen.
- Nun die senkrechten Balken zwischen den grünen Feldern sticken: drei Reihen mit je acht Kreuzstichen.
- Jetzt den Musterrapport spiegelverkehrt arbeiten. Achten Sie darauf, richtig zu zählen, damit Sie an die passende Stelle gelangen.

Achten Sie beim Reihenwechsel darauf, dass die Stiche immer in dieselbe Richtung weisen (siehe Tipp auf Seite 32).

Wie das Kissen genäht wird, finden Sie auf Seite 45.

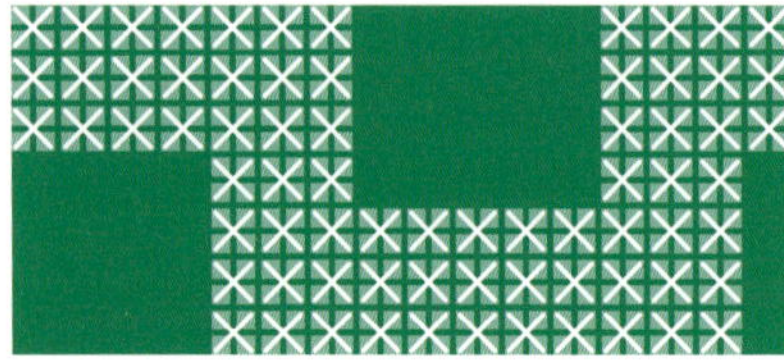

Musterrapport

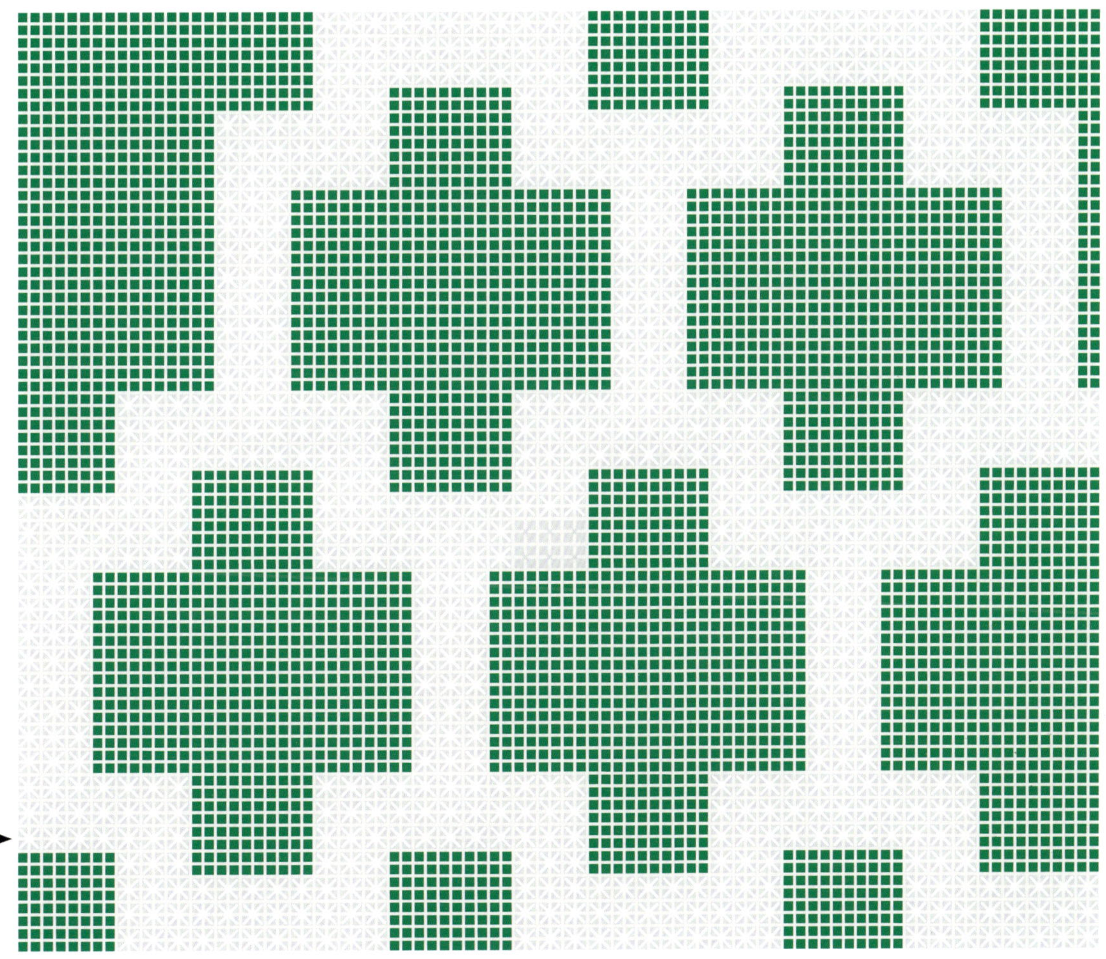

Das Kissen finden Sie auf den Seiten 40-41.

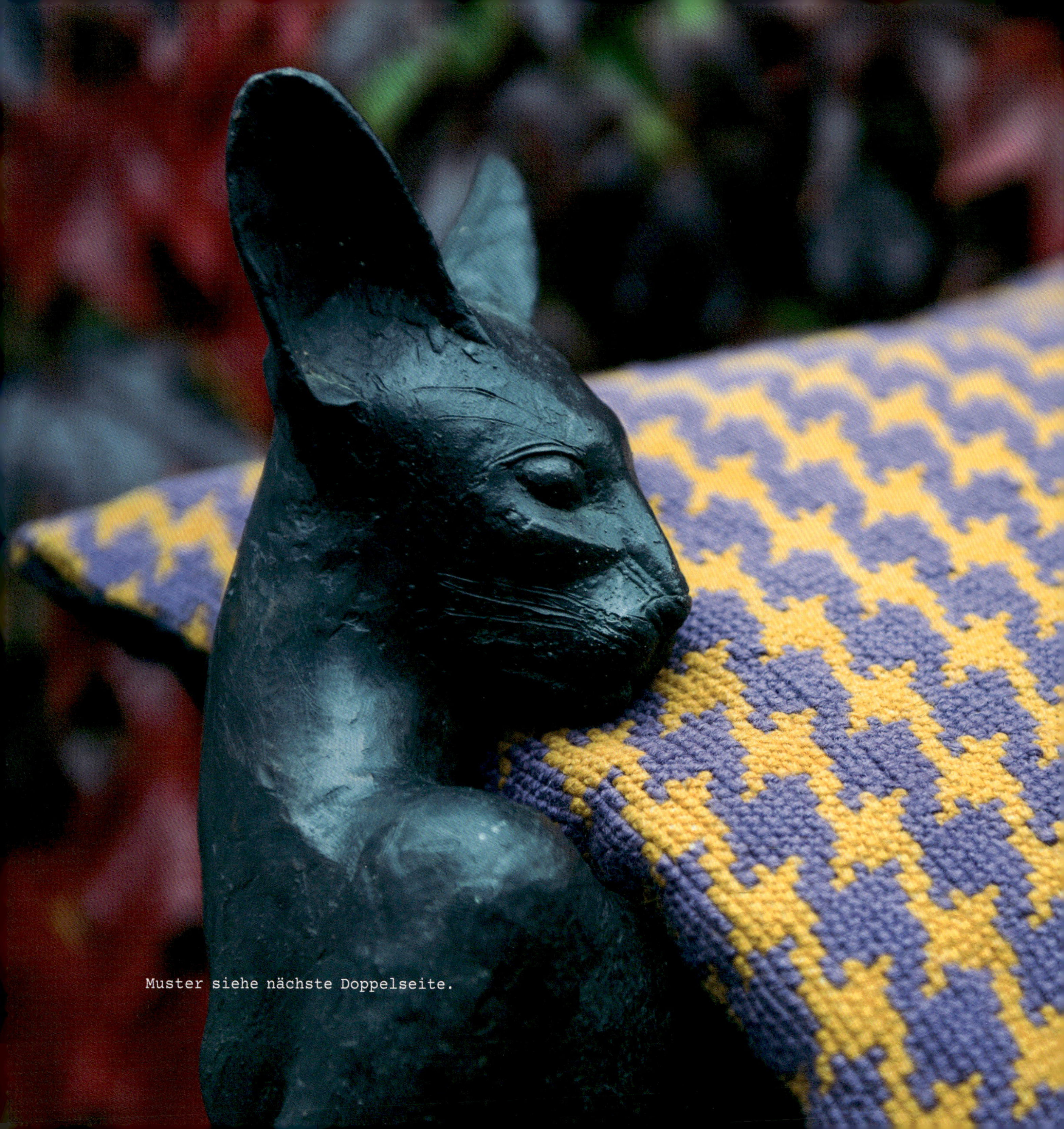

Muster siehe nächste Doppelseite.

## Ein Kissen nähen

Ein Kissen zu nähen ist eine der einfachsten Näharbeiten, die man machen kann: Zwei gleich große Stoffstücke werden zusammengefügt und eine weiche Füllung dazwischengesteckt.

**Material:** fertige Stickerei, robuster Baumwollstoff für die Rückseite, 1 Daunenkissen, Schere, Nähmaschine, Bügeleisen, Nadel und Faden.

- Stoffstück für die Rückseite (zzgl. Nahtzugabe) so zuschneiden, dass es so groß ist wie die Stickerei. Den Stoff rundherum mit Zickzack-Stich versäubern.
- Stickerei (= Kissen-Vorderseite) und Kissen-Rückseite rechts auf rechts legen. Die Seitennähte mit geradem Stich schließen, dabei an einer Seite eine Öffnung lassen, um das Innenkissen hineinstecken zu können.
- Die Nähte ausbügeln.
- Kissenhülle wenden.
- Das Innenkissen hineinstecken.
- Nahtzugaben an der Öffnung nach innen stecken und mit Stecknadeln fixieren. Die Öffnung von Hand mit Überwendlingsstichen zunähen. Faden am Anfang und Ende mit vier bis fünf Stichen sorgfältig vernähen.
- Die Stecknadeln entfernen und den Faden abschneiden. Fertig ist das Kissen!

**Tipp:**
Kaufen Sie am besten im Vorfeld ein passendes Daunenkissen, damit die Maße für die Stickerei von Anfang an feststehen. Sie können auch selbst ein Innenkissen mit Ihren Wunschmaßen nähen.
Ein Daunenkissen ist immer eine gute Investition und hält lange.

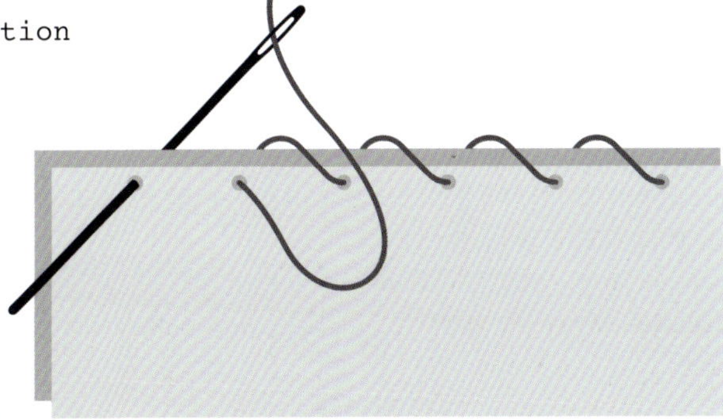

Überwendlingsstich

## Scooby Doo

„Hahnentritt" ist ein beliebtes Muster, das immer wieder in Mode kommt, meist in Schwarz und Weiß. Hier kommt es in einer etwas schrägen Farbkombination: Lila und Senfgelb. Maße: 47 x 47 cm (ohne Nahtzugabe).

**Material:** Aida-Stoff (3,3 Loch/cm), Wollgarn in Lila und Senfgelb sowie Nadel und Schere.

- Unten links am Stoff beginnen, aber 4 cm Nahtzugabe frei lassen. Die lila Felder zuerst sticken.
- Die Reihe über drei Löcher sticken. Drei halbe Kreuzstiche von unten nach oben, wenden und zurück die ganzen Kreuzstiche arbeiten.
- In der nächsten Reihe zwei halbe Kreuzstiche sticken. Zwei Löcher überspringen und einen halben Kreuzstich machen. In der Rückreihe die ganzen Kreuzstiche arbeiten.
- In der Reihe daneben sieben Kreuzstiche sticken.
- Ein Loch nach unten gehen und weitere sieben Kreuzstiche sticken. Daneben eine weitere Reihe genauso arbeiten.
- Wieder ein Loch nach unten gehen und sieben Kreuzstiche sticken.
- Die Reihe wechseln und einen halben Kreuzstich machen. Ein Loch überspringen und fünf halbe Kreuzstiche machen. In der Rückreihe die ganzen Kreuzstiche arbeiten.
- Vier Löcher nach oben springen und drei Kreuzstiche sticken.
- Ein Loch nach unten gehen und eine Reihe mit drei Kreuzstichen machen. Jetzt ist der erste „Hahnentritt" fertig.
- Wenn alle lila Felder fertig sind, werden die senfgelben gestickt.
- So weitersticken, bis das Muster den gesamten Stoff (bis auf die Nahtzugabe) bedeckt. Manche Kreuze sind am Rand nicht vollständig, das Muster wirkt aber insgesamt komplett.

Achten Sie beim Reihenwechsel darauf, dass die Stiche immer in dieselbe Richtung weisen (siehe Tipp auf Seite 32).

Wie das Kissen genäht wird, finden Sie auf Seite 45.

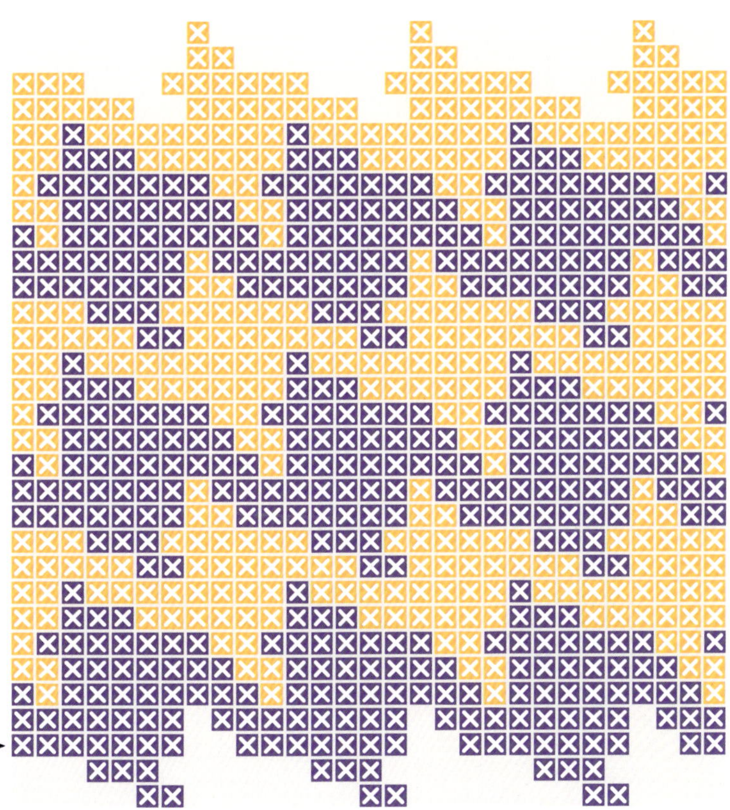

Das Kissen finden Sie auf Seite 44.

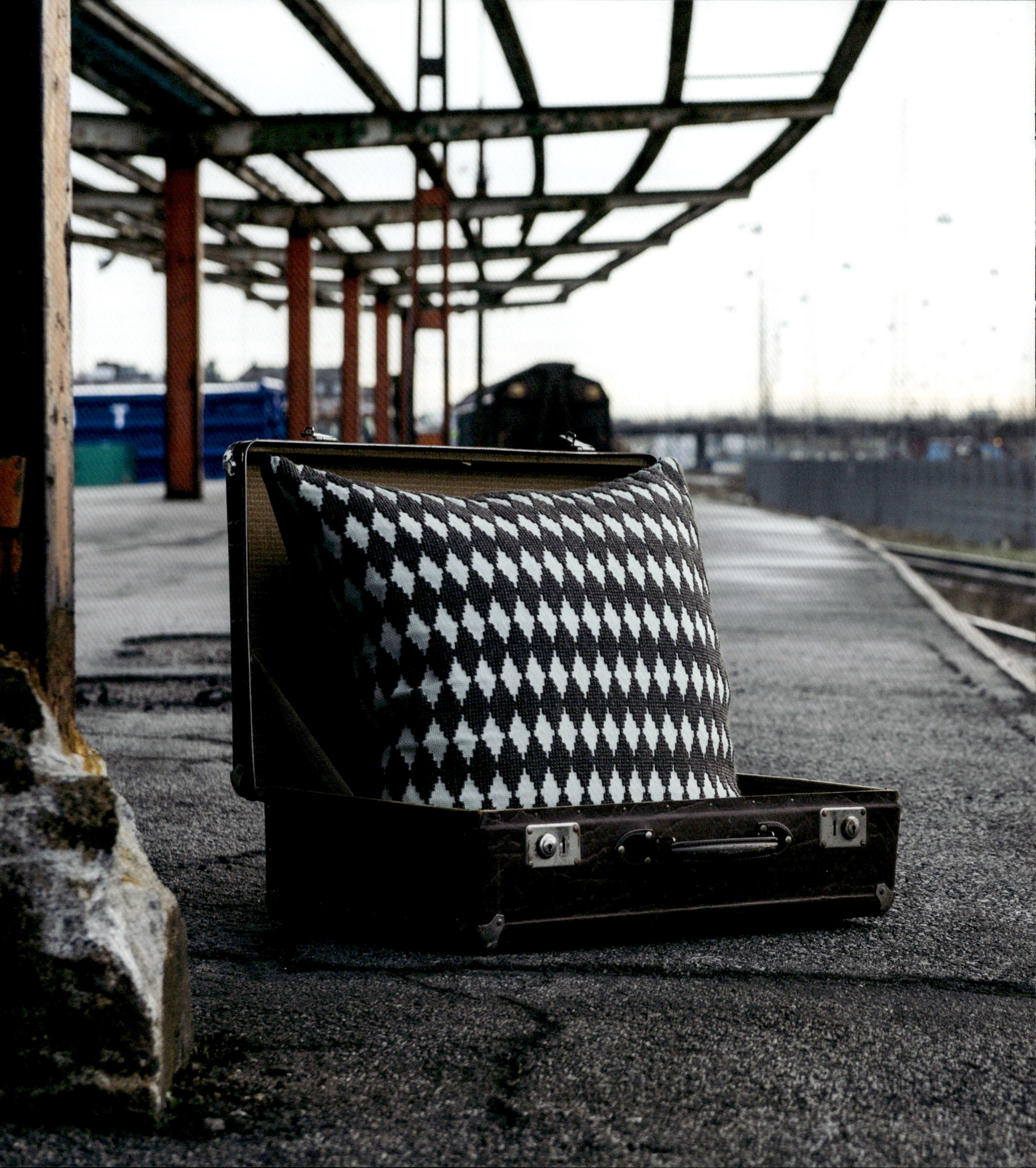

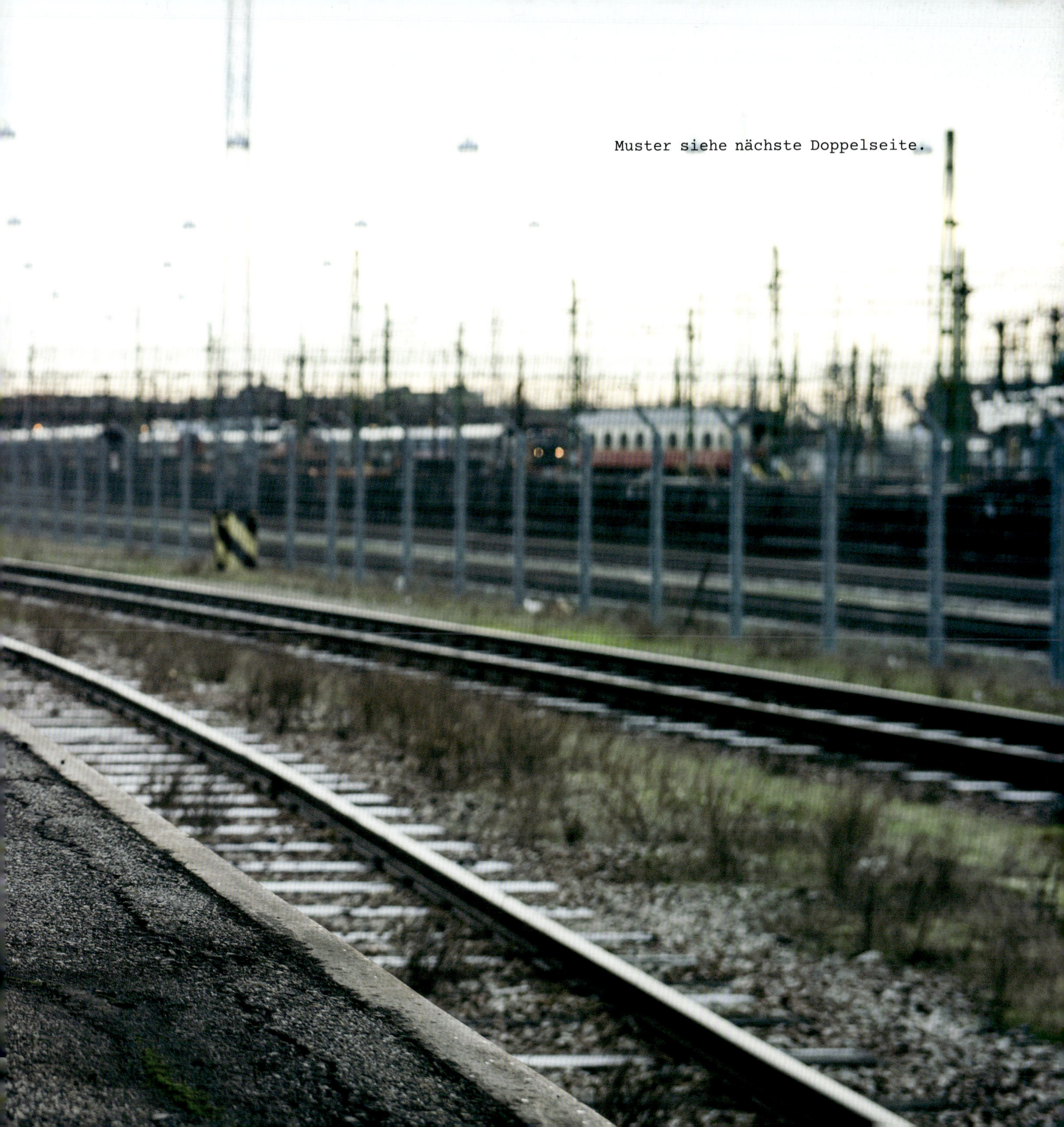

Muster siehe nächste Doppelseite.

## Harlekin

Dieses Kissen ist nur in einer Farbe bestickt – in einem Maulwurfsgrau. Die mintgrüne Farbe stammt vom Stoff, der an den nicht bestickten Stellen durchscheint. Jeder Kreuzstich verläuft über vier Löcher im Gewebe, statt über eins.
Maße: 58 x 58 cm (ohne Nahtzugabe).

**Material:** Aida-Stoff (5,4 Loch/cm) in Mintgrün, Wollgarn in Maulwurfsgrau, Nadel und Schere.

- Unten links am Stoff beginnen, aber 4 cm Nahtzugabe frei lassen.
- An der linken Kante der Harlekin-Raute beginnen und zwei halbe Kreuzstiche von unten nach oben sticken. Zurück die ganzen Kreuzstiche arbeiten.
- Dann für die nächste Reihe zwei Löcher nach unten springen und sechs Kreuzstiche sticken und so weiter.
- Nach der vierten Reihe nur ein Loch nach unten gehen, statt zwei.
- Dann ein Loch nach oben gehen und dann nach jeder Reihe jeweils zwei Löcher nach oben gehen, bis die Harlekin-Raute fertig ist.

Wie das Kissen genäht wird, finden Sie auf Seite 45.

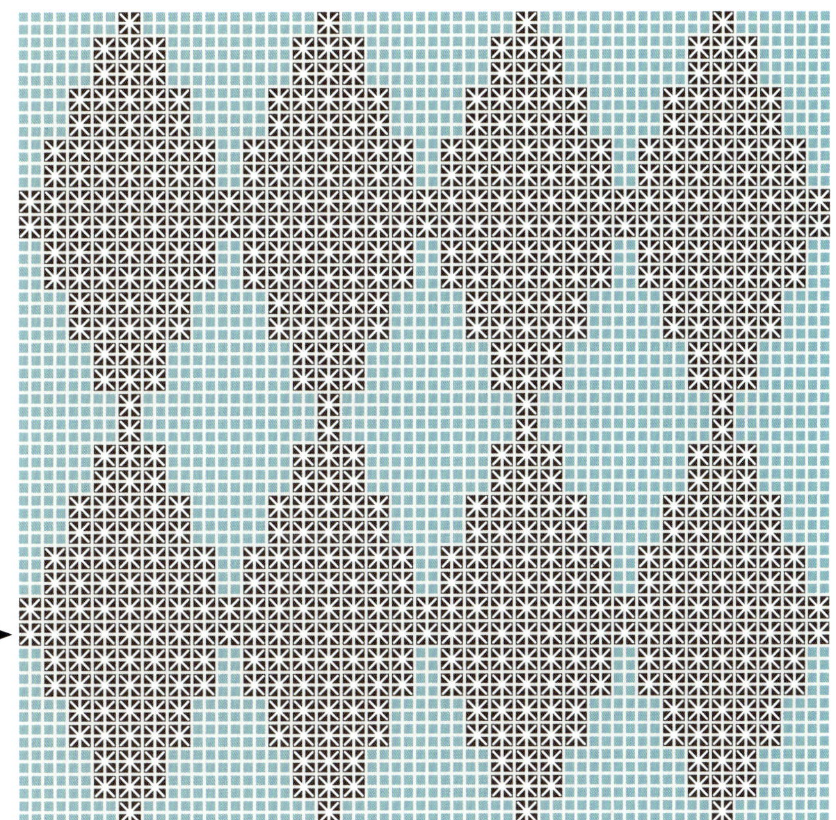

Das Kissen finden Sie auf der vorherigen Doppelseite.

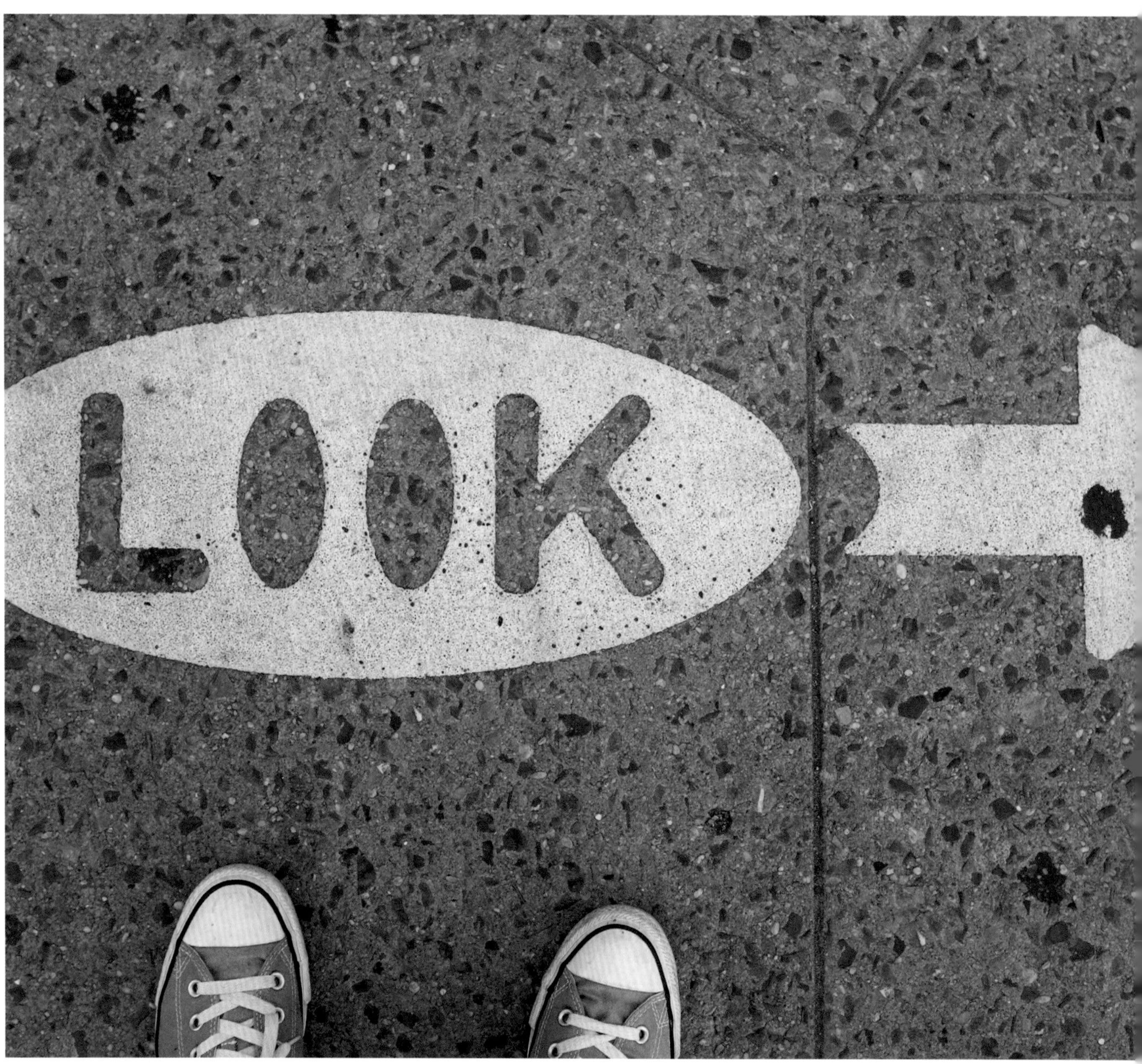
LOOK

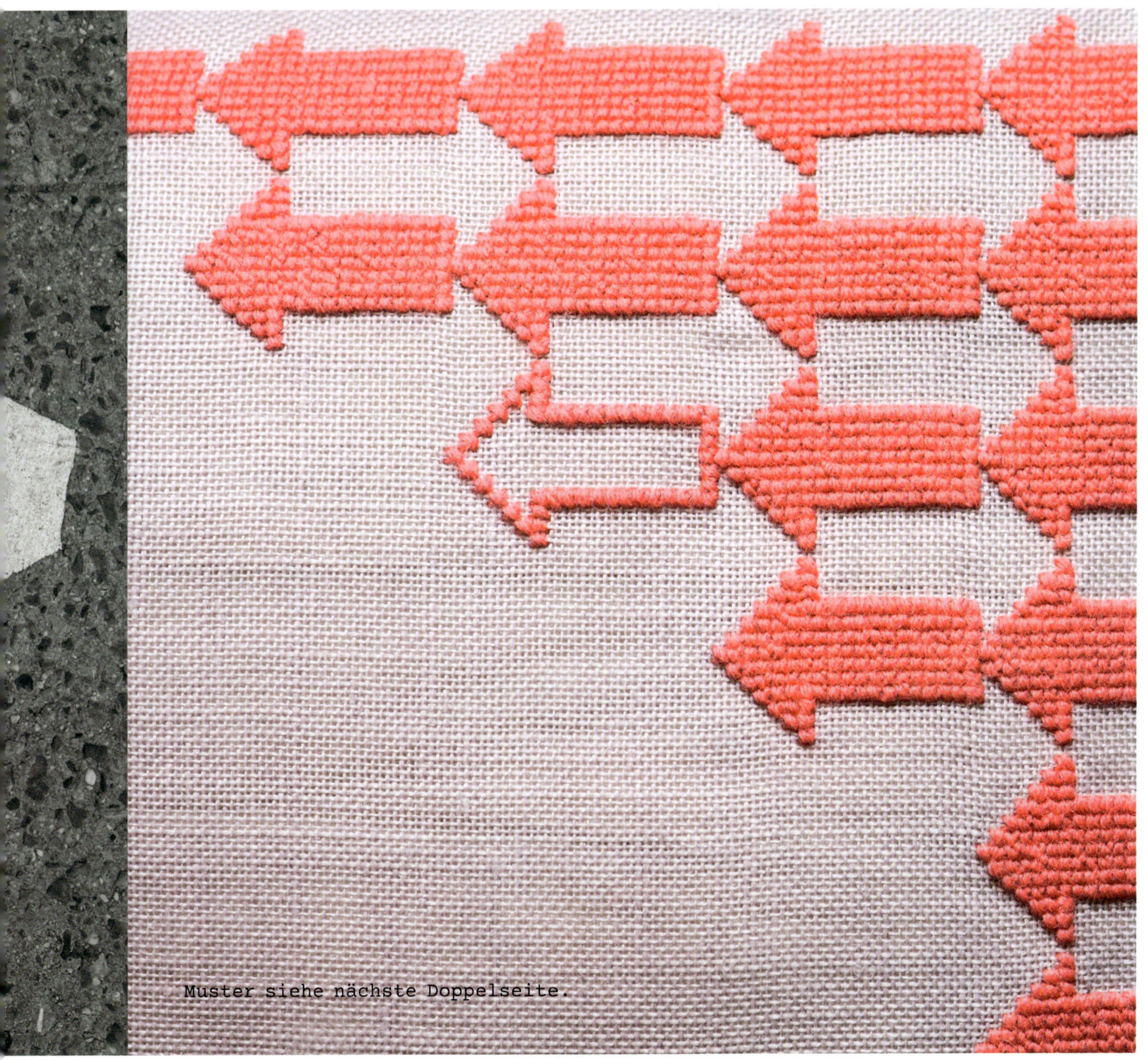

Muster siehe nächste Doppelseite.

## Bummelzug

Eine Zugreise in der südschwedischen Provinz zwischen Malmö und Skurup lieferte die Idee zu diesem Kissen, denn die Sitze im Zug hatten solche grafischen Pfeilmuster. Die gestickten Pfeile des Kissens zeigen alle in eine Richtung, während die Pfeile des sichtbaren Stickereistoffes in die andere Richtung zeigen.
Maße: 45 x 30 cm (ohne Nahtzugabe).

**Material:** Leinenstoff (8-fädig/cm) in Rosa, Wollgarn in Korallenrot, Nadel und Schere.

- Unten links am Stoff beginnen, aber 4 cm Nahtzugabe frei lassen.
- Sieben halbe Kreuzstiche von unten nach oben sticken. Zurück die ganzen Kreuzstiche arbeiten. Weitere elf Reihen genauso sticken.
- Für die nächste Reihe drei Löcher nach unten springen und 13 halbe Kreuzstiche von unten nach oben arbeiten. Zurück die ganzen Kreuzstiche arbeiten.
- Für die Pfeilspitze immer zwei Kreuzstiche pro Reihe weniger sticken, bis nur noch ein Kreuzstich die Spitze bildet.
- Legen Sie selbst fest, wie viele Pfeile Sie auf das Kissen sticken wollen und ob alle mit Kreuzstichen gefüllt sein sollen oder nicht. Zählen Sie sorgfältig, damit Sie an der richtigen Stelle im Stoff einstechen.

Achten Sie beim Reihenwechsel darauf, dass die Stiche immer in dieselbe Richtung weisen (siehe Tipp auf Seite 32).

Wie das Kissen genäht wird, finden Sie auf Seite 45.

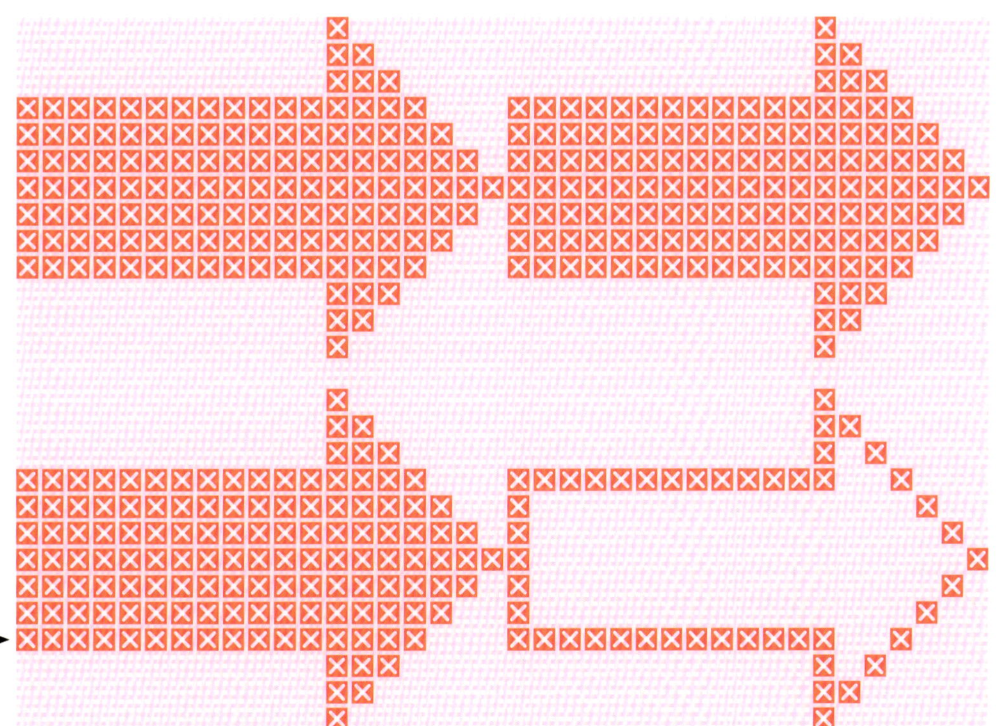

Das Kissen finden Sie auf der vorherigen Doppelseite.

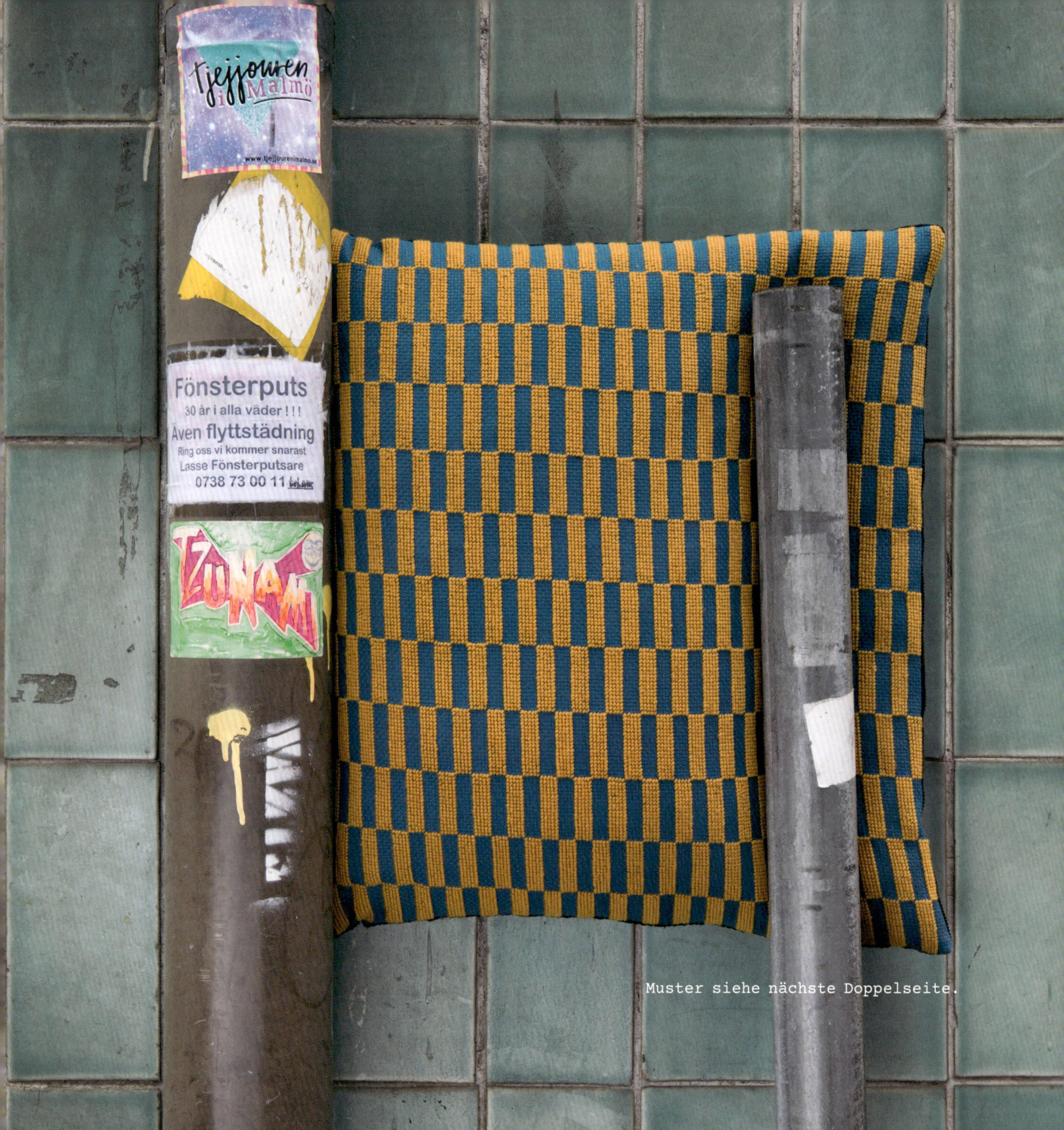


Muster siehe nächste Doppelseite.

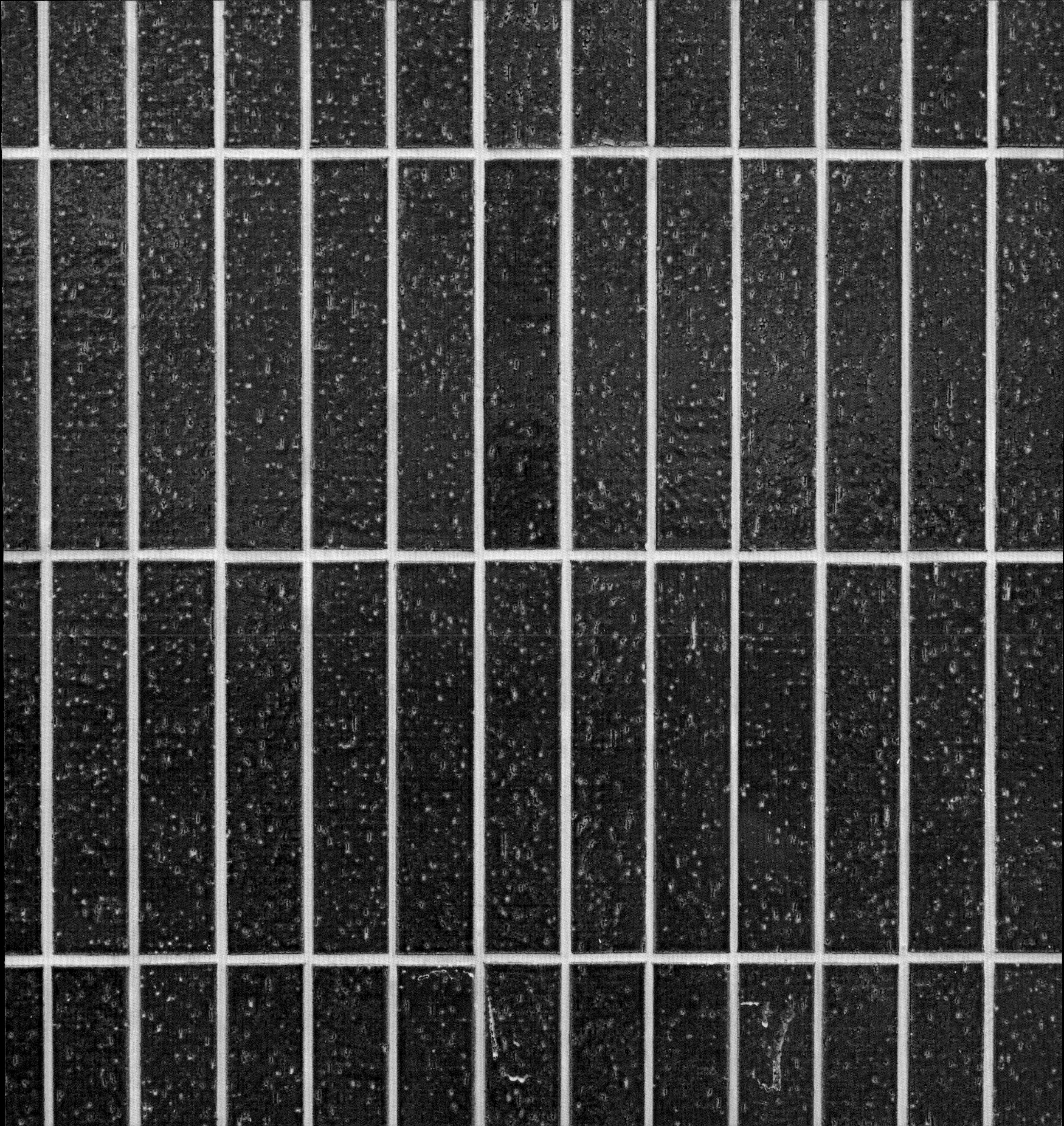

## Spicy

Gewürze und warme Breitengrade haben zu diesem Kissen inspiriert - gelb wie Kurkuma und blau wie das Meer. Die Farbnuancen sind eigentlich harmonisch, aber auch gleichzeitig ein wenig schräg.
Maße: 47 x 45 cm (ohne Nahtzugabe).

**Material:** Aida-Stoff (5,4 Loch/cm) in Petrol, Wollgarn in Senfgelb, Nadel und Schere.

- Unten links am Stoff beginnen, aber 4 cm Nahtzugabe frei lassen.
- Vergessen Sie nicht, die Stickerei beim Reihenwechsel um 180 Grad zu drehen.
- 18 halbe Kreuzstiche von unten nach oben sticken.
- Die Stickerei drehen und die nächste Reihe sticken.
- Drei weitere Reihen genauso sticken.
- Es empfiehlt sich, den nächsten Balken schräg nach rechts oben zu sticken.

Wie das Kissen genäht wird, finden Sie auf Seite 45.

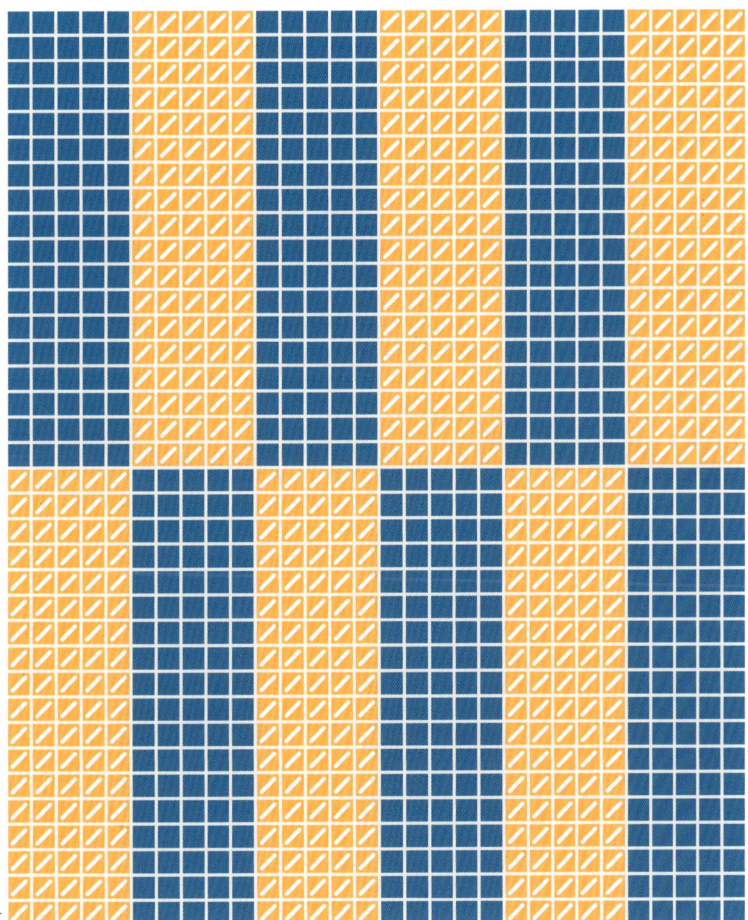

Das Kissen finden Sie auf der vorherigen Doppelseite.

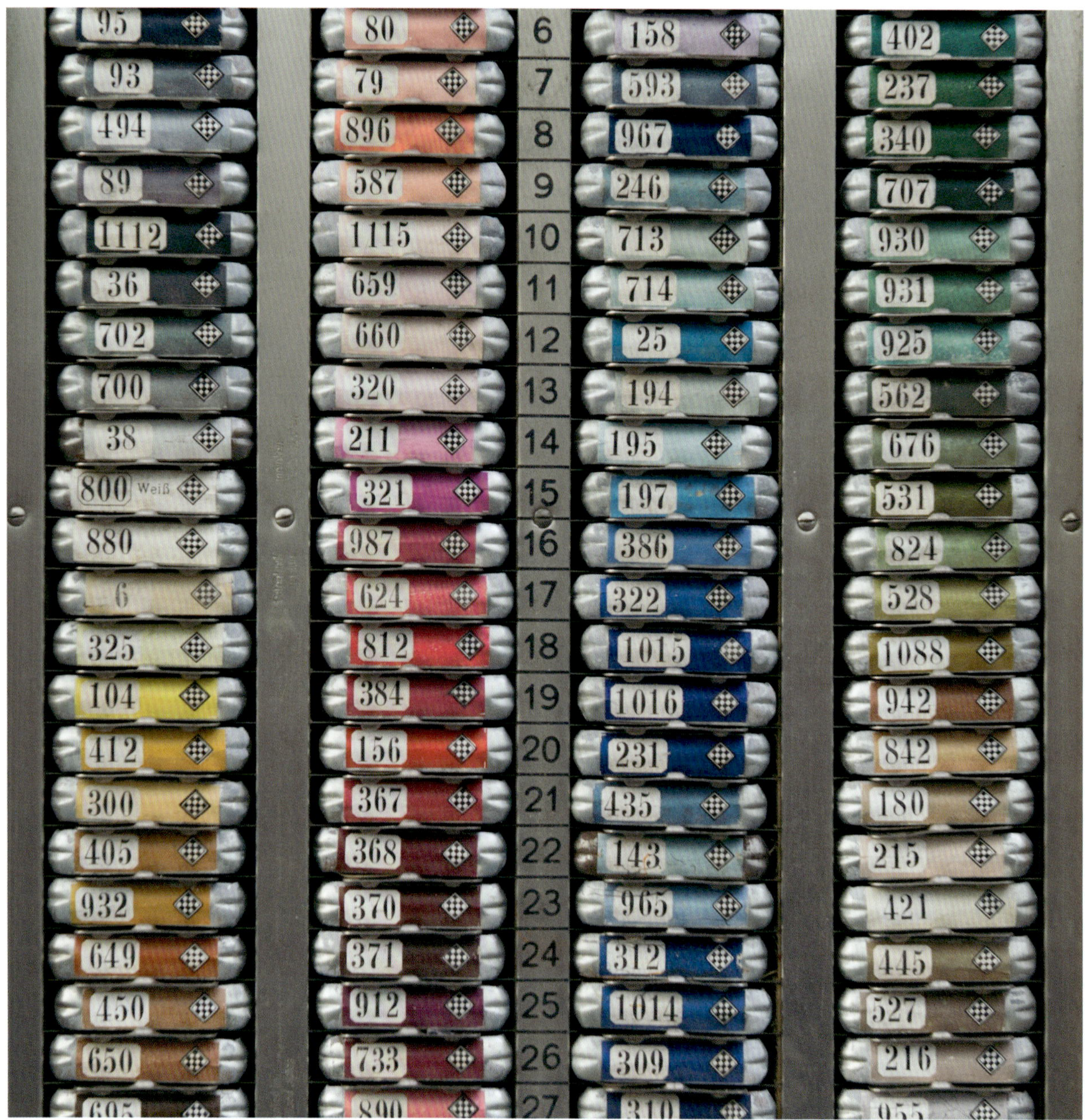
95
93
494
89
1112
36
702
700
38
800 Weiß
880
6
325
104
412
300
405
932
649
450
650
80
79
896
587
1115
659
660
320
211
321
987
624
812
384
156
367
368
370
371
912
733
6
7
8
9
10
11
12
13
14
15
16
17
18
19
20
21
22
23
24
25
26
158
593
967
246
713
714
25
194
195
197
386
322
1015
1016
231
435
143
965
312
1014
309
402
237
340
707
930
931
925
562
676
531
824
528
1088
942
842
180
215
421
445
527
216

# MEHRFARBIG

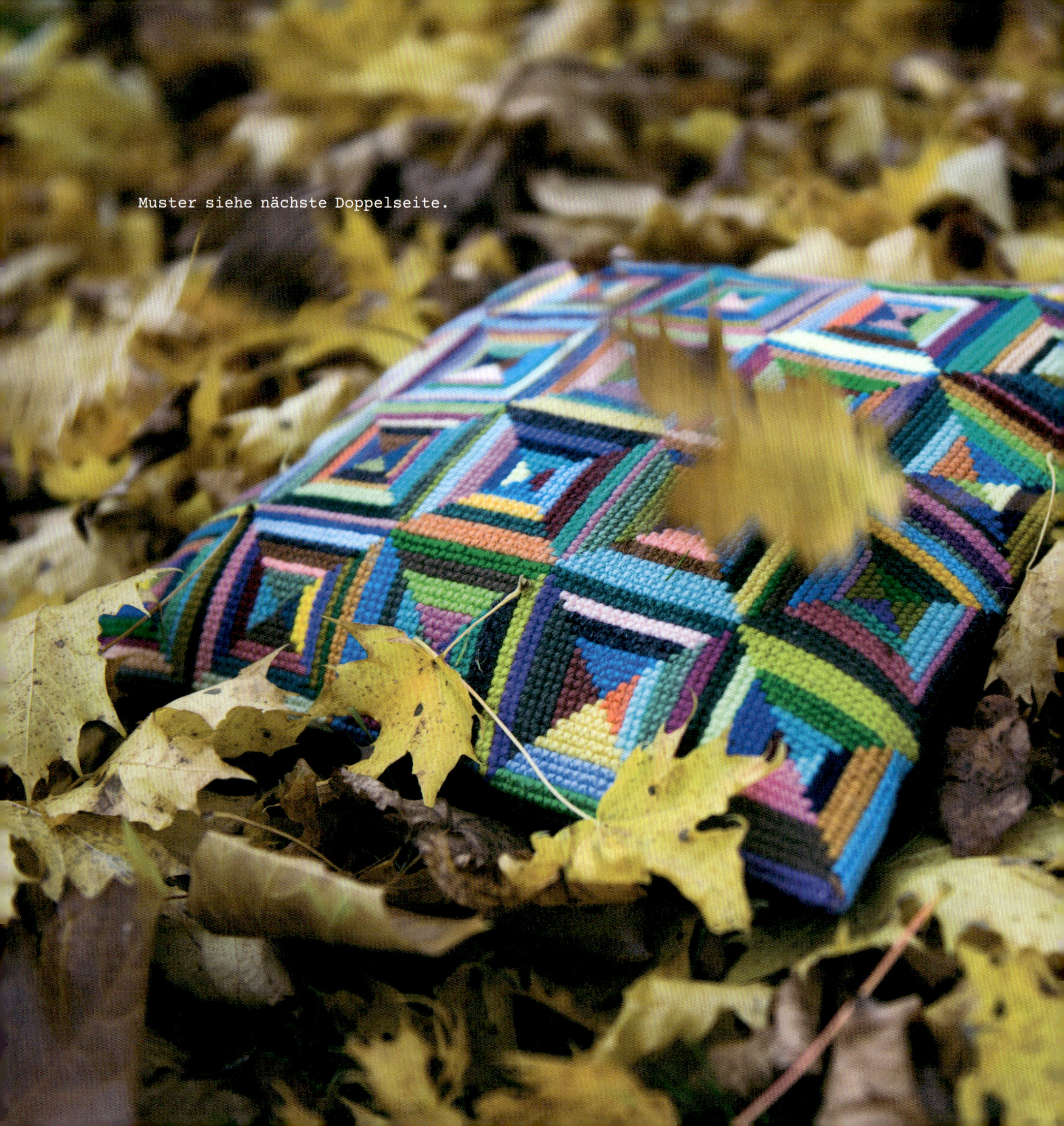

Muster siehe nächste Doppelseite.

## Smaragdgrün, ocker, türkis, korallenrot, elfenbeinfarben …

Die Farbpalette ist schier unendlich - sogar für Garne. Manche Farbtöne sind warm, andere kalt. Manche ergänzen sich harmonisch, andere setzen Kontraste. Trauen Sie sich, Ihren eigenen Geschmack zu erproben! Ein Farbton, den Sie normalerweise nicht besonders mögen, kann in Kombination mit einem anderen zur Lieblingsfarbe werden. Eigentlich setzt nur die eigene Fantasie irgendwann Grenzen.

## Farbexplosion

Das Kissenmuster ist aus 20 großen Quadraten aufgebaut, in denen jeweils vier Dreiecke stecken.
Sie können die Farben ganz nach Wunsch wählen und nur den geometrischen Formen folgen (siehe rote Markierung im nebenstehenden Muster). Die Grafik zeigt ein Beispielquadrat mit vier Dreiecken. Kombinieren Sie die Farben wild oder auch ganz schlicht in Schwarz und Weiß.
Maße: 32 x 32 cm (ohne Nahtzugabe).

**Material:** Aida-Stoff (3,3 Loch/cm), Wollgarn in vielen verschiedenen Farben, Nadel und Schere.

- Unten links am Stoff beginnen, aber 4 cm Nahtzugabe frei lassen.
- Halbe Kreuzstiche von unten nach oben sticken. Wenden und zurück die ganzen Kreuzstiche arbeiten. Die Farben nach Lust und Laune auswählen, jeden Faden vernähen, bevor man weiterstickt.

Achten Sie beim Reihenwechsel darauf, dass die Stiche immer in dieselbe Richtung weisen (siehe Tipp auf Seite 32).

Wie das Kissen genäht wird, finden Sie auf Seite 45.

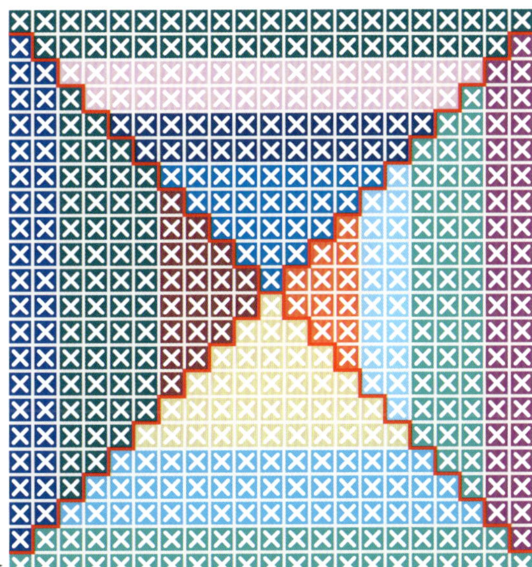

Das Kissen finden Sie auf der Seite 62.

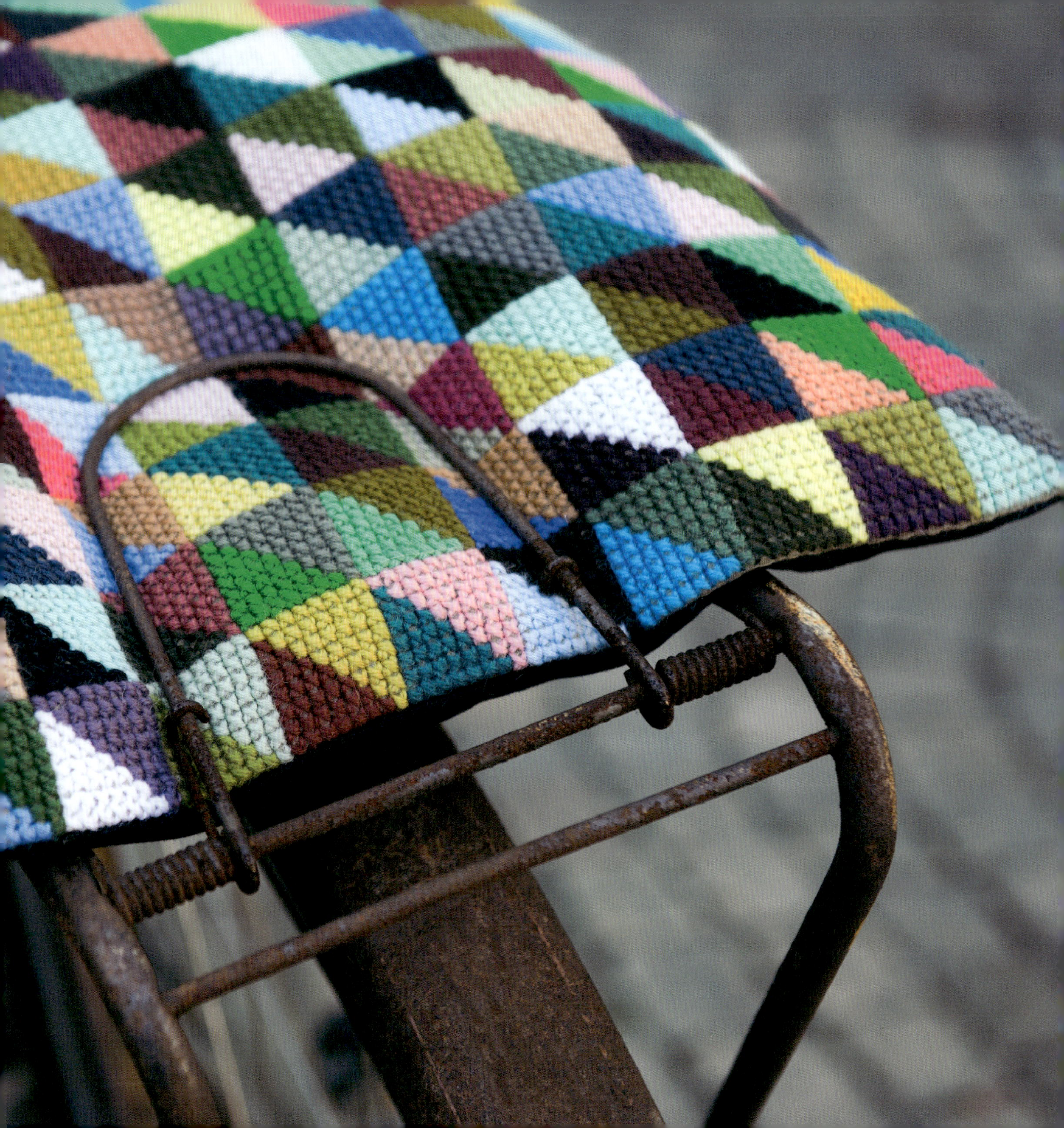

## Ein Meer von Farben

Dieses Kissen entstand aus vielen bunten Restgarnen von Flohmarkt-Schnäppchen. Das Muster besteht aus zwei Dreiecken in jedem Quadrat. Manche Farben wiederholen sich, andere kommen nur einmal vor.
Maße: 38 x 38 cm (ohne Nahtzugabe).

**Material:** Aida-Stoff (2,5 Loch/cm), Wollgarne in vielen verschiedenen Farben, Nadel und Schere.

- Unten links am Stoff beginnen, aber 4 cm Nahtzugabe frei lassen.
- Sieben halbe Kreuzstiche von unten nach oben sticken. Wenden und zurück die ganzen Kreuzstiche arbeiten.
- In der nächsten Reihe sechs ganze Kreuzstiche machen, dann fünf in der dritten und so weiter. Wenn das erste Dreieck fertig ist, den Faden vernähen und eine neue Farbe auswählen.
- Der nächste Stich wird oberhalb der ersten Reihe mit sieben Kreuzstichen gemacht. Einen halben Kreuzstich von unten nach oben machen. Wenden und zurück den ganzen Kreuzstich arbeiten.
- Die Reihe wechseln, ein Loch nach unten gehen, zwei Kreuzstiche in der folgenden Reihe, drei in der nächsten und so weiter.

Achten Sie beim Reihenwechsel darauf, dass die Stiche immer in dieselbe Richtung weisen (siehe Tipp auf Seite 32).

Wie das Kissen genäht wird, finden Sie auf Seite 45.

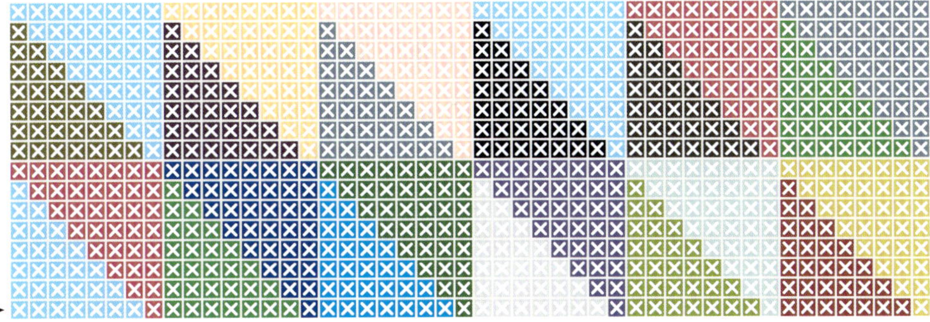

## Oktober

Dieses Stuhlpolster ist eine gelungene Mischung von warmen und kalten Farbtönen. Jede Farbe ist in verschiedenen Nuancen vertreten - harmonisch und frech zugleich.

**Material:** Aida-Stoff (3,3 Loch/cm), Wollgarn in kräftigen Farbtönen, Nadel und Schere.

- Messen Sie zuerst die Sitzfläche des Stuhls, bevor Sie den Stoff zuschneiden. Achten Sie auch darauf, dass die Stickerei etwas über den sichtbaren Teil hinausgeht, das sieht am schönsten aus.
- Unten links am Stoff beginnen, aber 4 cm Nahtzugabe frei lassen.
- An der linken Kante der Harlekin-Raute beginnen und zwei halbe Kreuzstiche von unten nach oben sticken. Zurück die ganzen Kreuzstiche arbeiten.
- Dann für die nächste Reihe zwei Löcher nach unten springen, sechs Kreuzstiche sticken und so weiter.
- Nach der sechsten Reihe nur ein Loch nach unten gehen, statt zwei.
- Nach der Reihe mit 24 Kreuzstichen ein Loch nach oben gehen. Danach jeweils bei jedem Reihenwechsel zwei Löcher nach oben gehen, bis die Raute fertig ist. Den Faden vernähen und die Farbe wechseln.
- Die nächste Reihe frei lassen, eine weitere Raute daneben arbeiten und so weiter.
- So weitersticken, bis das Muster den gesamten Stoff (bis auf die Nahtzugabe) bedeckt. Manche Rauten sind am Rand nicht vollständig, das Muster wirkt aber insgesamt komplett.

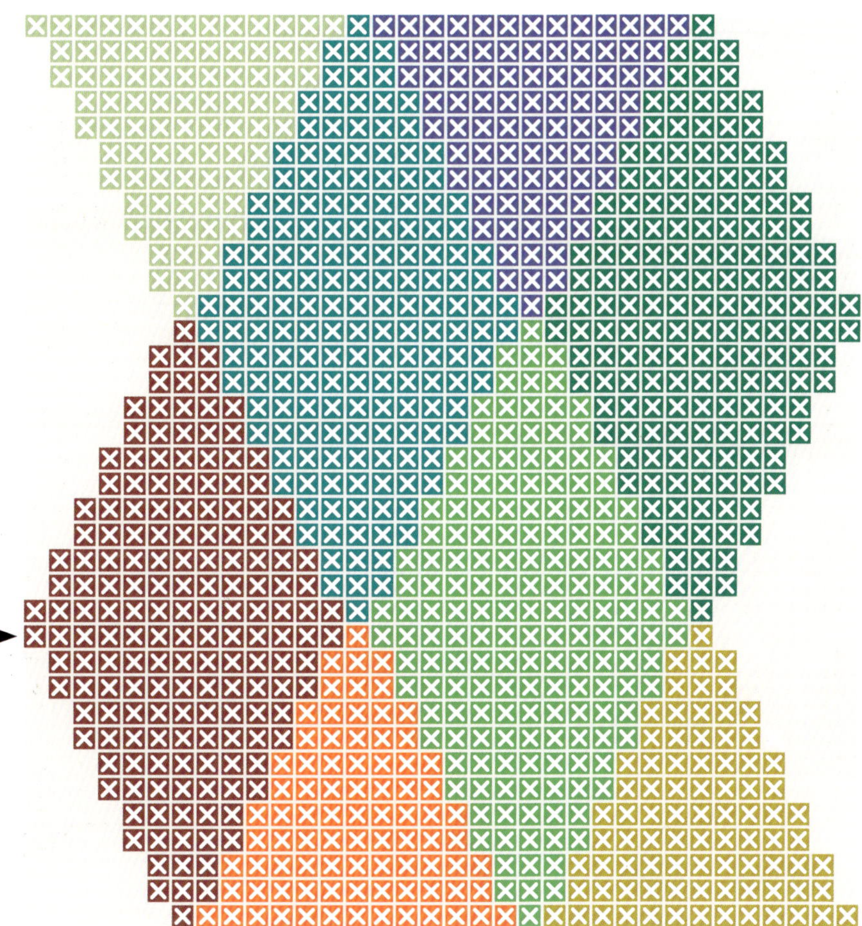

Die Stickerei finden Sie auf Seite 26.

Muster siehe nächste Doppelseite.

## Geometrische Formen

Rechteck, Quadrat, Dreieck, Kreis und Vieleck (Polygon) - Formen, die jeder kennt.

Geometrische Formen lassen sich auf viele unterschiedliche Arten zu neuen, spannenden Figuren kombinieren. Ein gleichschenkliges Dreieck bildet zusammen mit einem weiteren eine Raute. Zwei Rauten und ein Quadrat ergeben in bestimmter Kombination einen Würfel. Und so kann man weiter experimentieren.

Wollen Sie sich ein einzigartiges Muster mit geometrischen Formen entwerfen? Dann nehmen Sie Papier und Stift und probieren mit Figuren und Farben einfach aus.

## Disco

Dreiecke und Quadrate in bunten Farben vermitteln „Freitagabend-Stimmung“: Die Musik läuft und die Discokugel dreht sich. Jeder Kreuzstich geht über vier Löcher im Gewebe, statt über eins.
Maße: 40 x 40 cm (ohne Nahtzugabe).

**Material:** Aida-Stoff (5,4 Loch/cm) in Schwarz, Wollgarn in beliebigen Farben, Nadel und Schere.

- Unten links am Stoff beginnen, aber 4 cm Nahtzugabe frei lassen.
- Zehn halbe Kreuzstiche von unten nach oben sticken. Wenden und zurück die ganzen Kreuzstiche arbeiten.
- Dann neun Stiche in die nächste Reihe sticken, acht in die dritte und so weiter. Wenn das erste Dreieck fertig ist, den Faden vernähen und eine neue Farbe wählen.
- Das nächste Dreieck wird oberhalb der ersten Reihe mit zehn Kreuzstichen gemacht. Auch hier zehn Kreuzstiche von unten nach oben und wieder zurück sticken. Die Reihe wechseln, ein Loch nach oben springen und neun Kreuzstiche machen, und so weiter.
- Nun das Dreieck neben dem gerade gearbeiteten beginnen. Einen Kreuzstich in der ersten Reihe sticken, zwei (von unten nach oben und wieder zurück) in der zweiten und so weiter.Nun das letzte Dreieck sticken.
- Jetzt wird das Quadrat in der Mitte gestickt. Zählen Sie genau, damit das Quadrat zentriert in der Mitte sitzt.
- Einen halben Kreuzstich von unten nach oben machen. Wenden und zurück den ganzen Kreuzstich arbeiten.
- Die Reihe wechseln, ein Loch tiefer gehen, drei Kreuzstiche sticken und so weiter. Nach der Reihe mit neun Kreuzstichen werden in jeder Reihe weniger Kreuzstiche gemacht.

Achten Sie beim Reihenwechsel darauf, dass die Stiche immer in dieselbe Richtung weisen (siehe Tipp auf Seite 32).

Wie das Kissen genäht wird, finden Sie auf Seite 45.

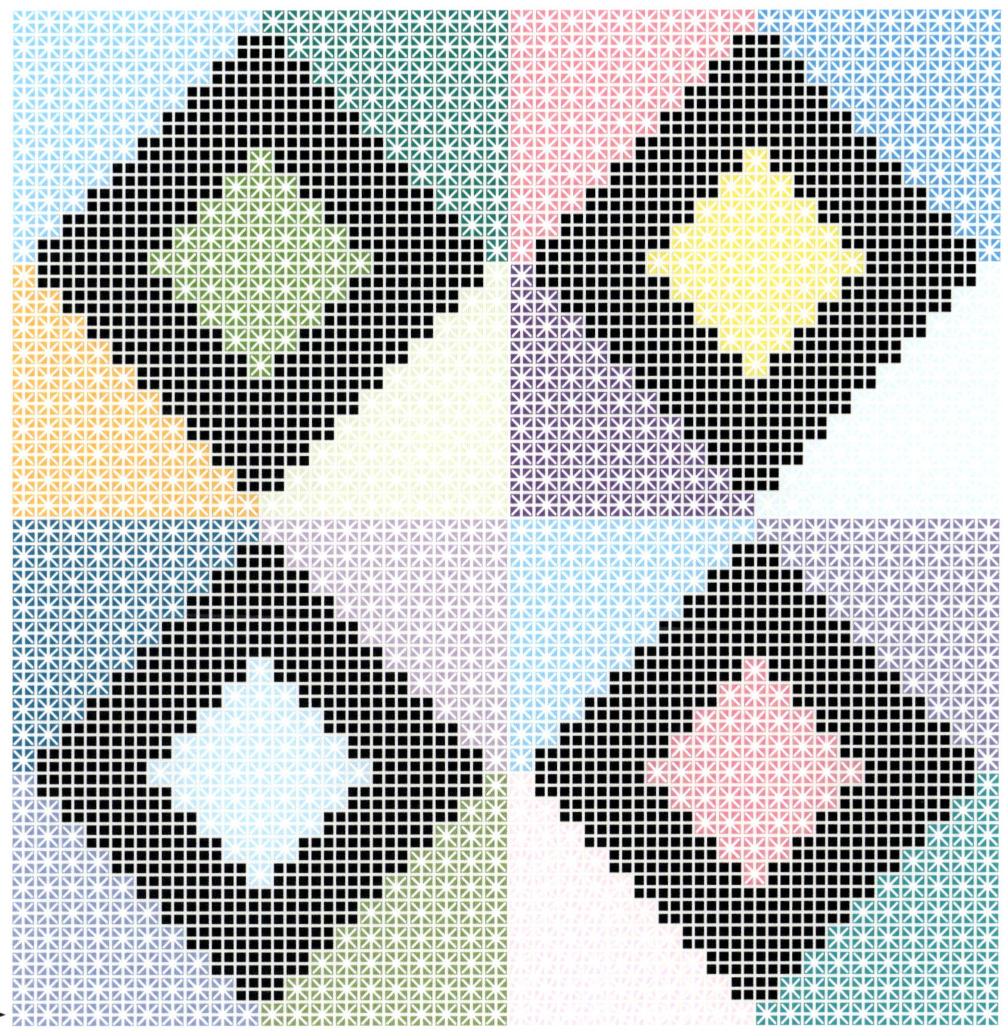

Das Kissen finden Sie auf Seite 70.

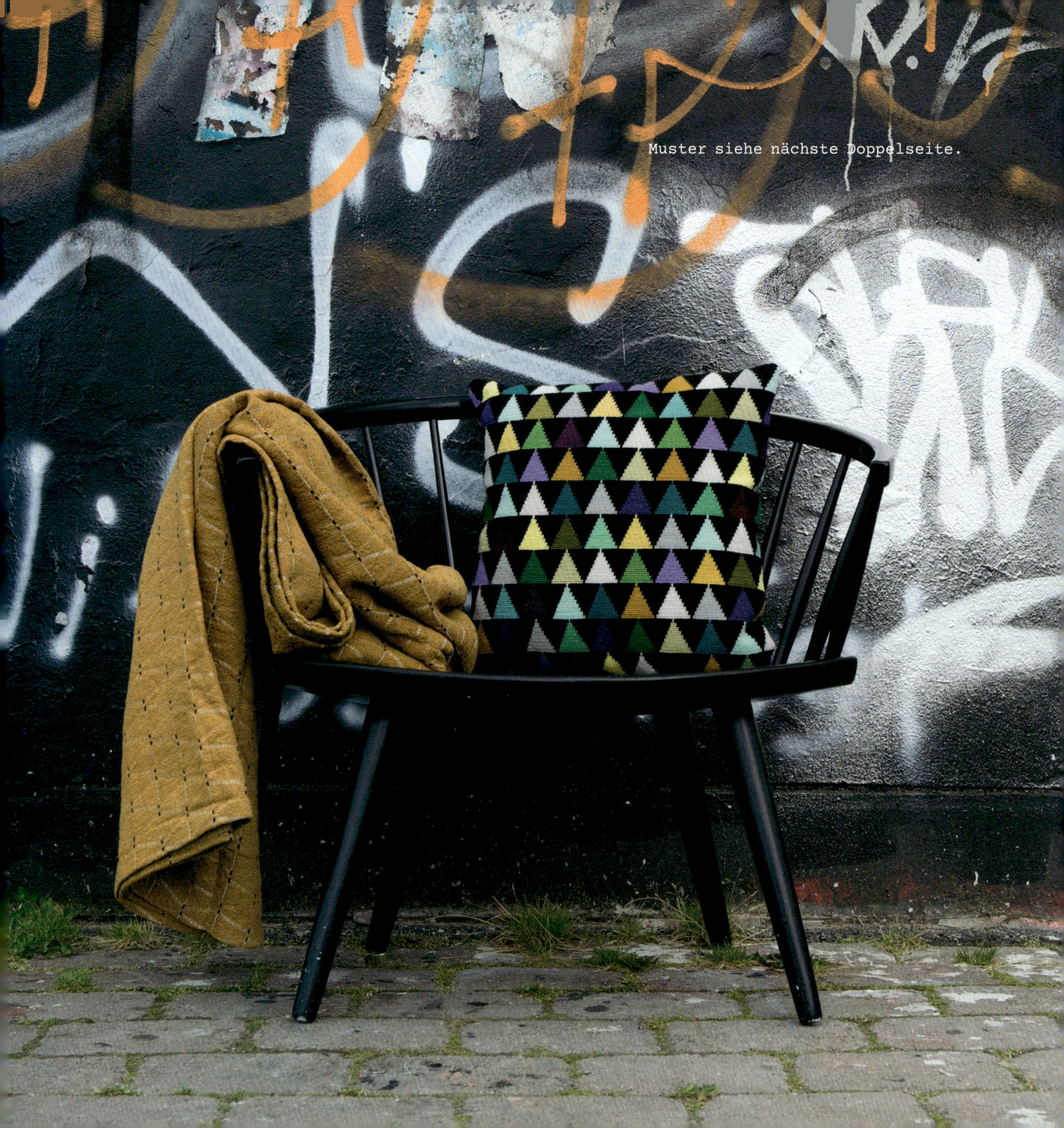

Muster siehe nächste Doppelseite.

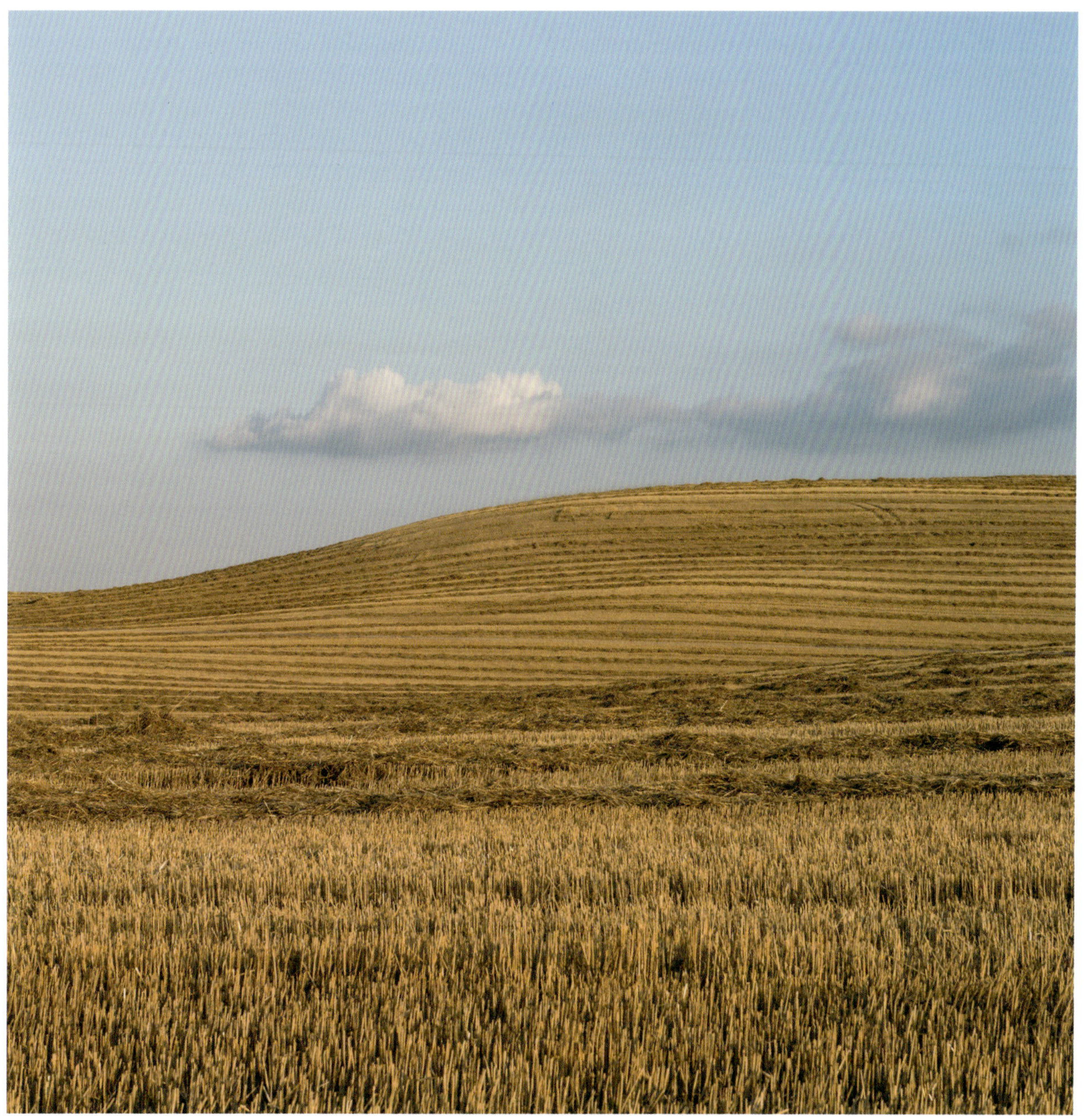

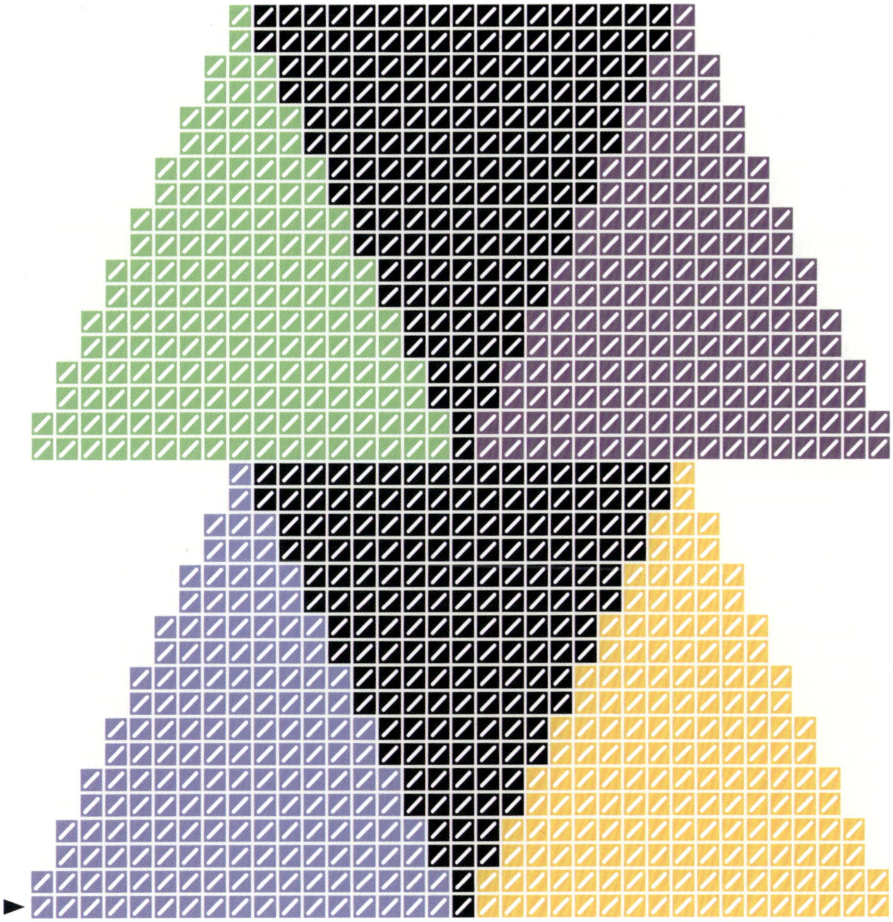

Das Kissen finden Sie auf Seite 74.

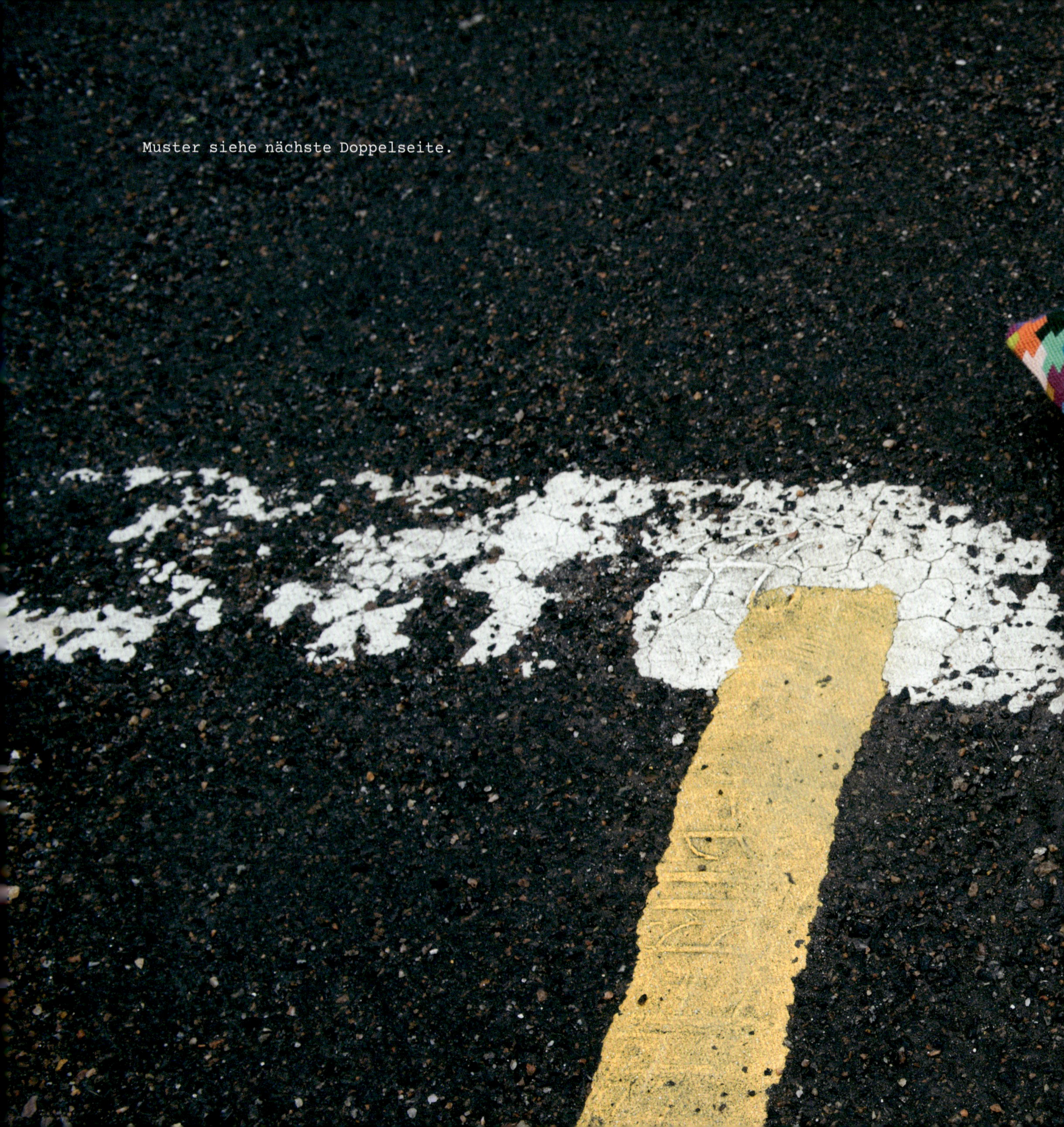

Muster siehe nächste Doppelseite.

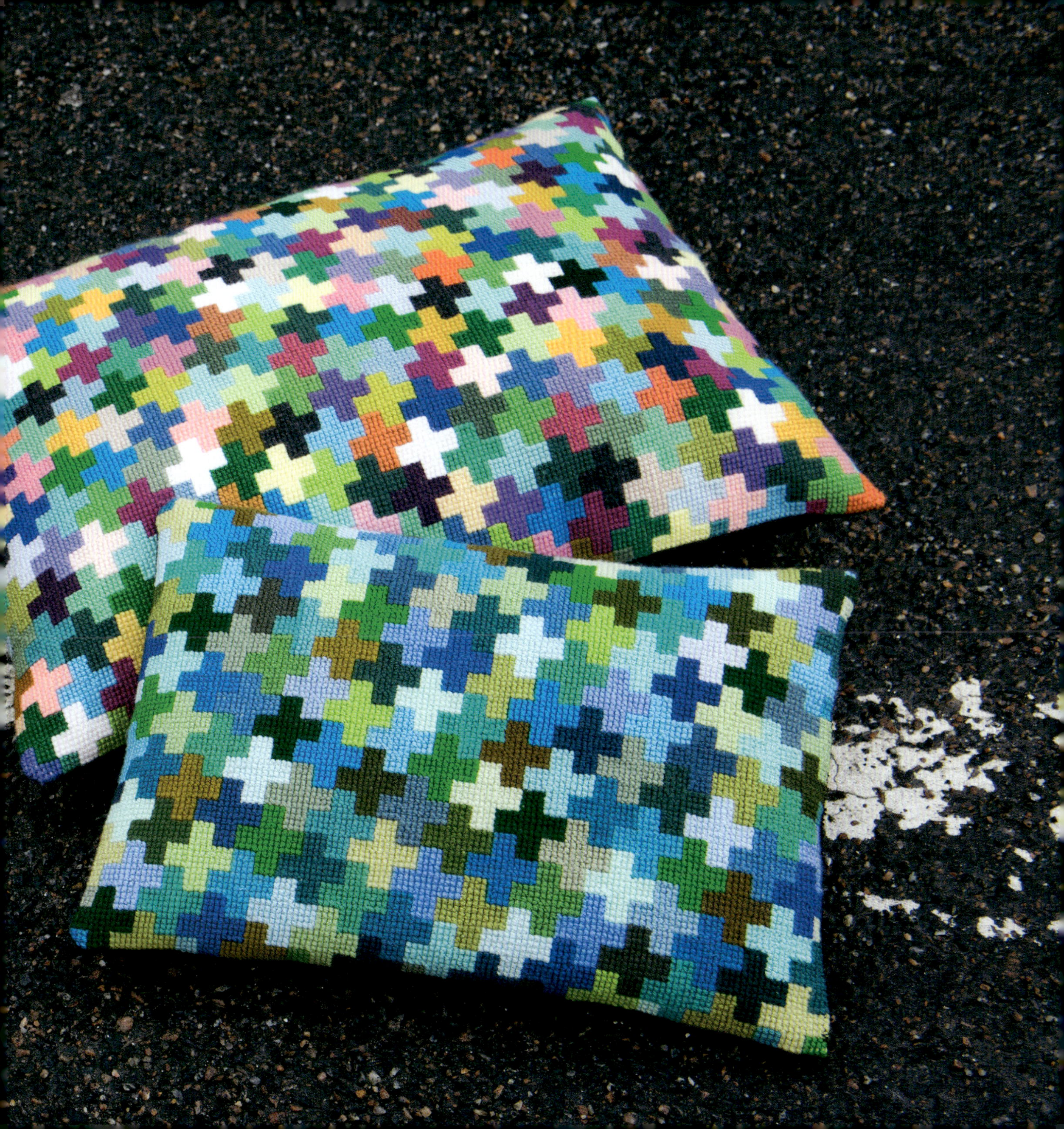

## Sommerferien

Die Kissen auf der vorherigen Doppelseite haben dasselbe Muster, aber verschiedene Farbkombinationen. Das eine verläuft in blauen Schattierungen wie ein glitzerndes Meer, das andere ähnelt einer farbenprächtigen Sommerwiese. Einige Farben wiederholen sich, andere kommen nur einmal vor. Allen gemeinsam ist die satte Farbgebung. Kein Farbton sticht heraus oder ist dominant - alle wirken gemeinsam.
Maße: 27 x 40 cm (Meer, ohne Nahtzugabe), 43 x 55 cm (Sommerwiese, ohne Nahtzugabe).

**Material:** Aida-Stoff (3,3 Loch/cm), Wollgarn in Lieblingsfarben, Nadel und Schere.

- Unten links am Stoff beginnen, aber 4 cm Nahtzugabe frei lassen.
- Zuerst die Reihe mit vier Kreuzstichen sticken. Vier halbe Kreuzstiche von unten nach oben sticken. Wenden und zurück die ganzen Kreuzstiche arbeiten. Drei weitere Reihen auf diese Weise sticken.
- Die Reihe wechseln, vier Löcher nach unten springen und zwölf halbe Kreuzstiche von unten nach oben machen. Wenden und zurück die ganzen Kreuzstiche arbeiten. Drei weitere Reihen auf diese Weise sticken.
- Danach je vier Kreuzstiche über vier Reihen sticken genauso wie zuvor. Den Faden vernähen und eine neue Farbe wählen.
- Tipp: Das nächste Kreuz am besten schräg nach rechts oben machen. Direkt über den langen Reihen beginnen, die Sie gerade gestickt haben.
- So weitersticken, bis das Muster den gesamten Stoff (bis auf die Nahtzugabe) bedeckt. Manche Kreuze sind am Rand nicht vollständig, das Muster wirkt aber insgesamt komplett.

Achten Sie beim Reihenwechsel darauf, dass die Stiche immer in dieselbe Richtung weisen (siehe Tipp auf Seite 32).

Wie das Kissen genäht wird, finden Sie auf Seite 45.

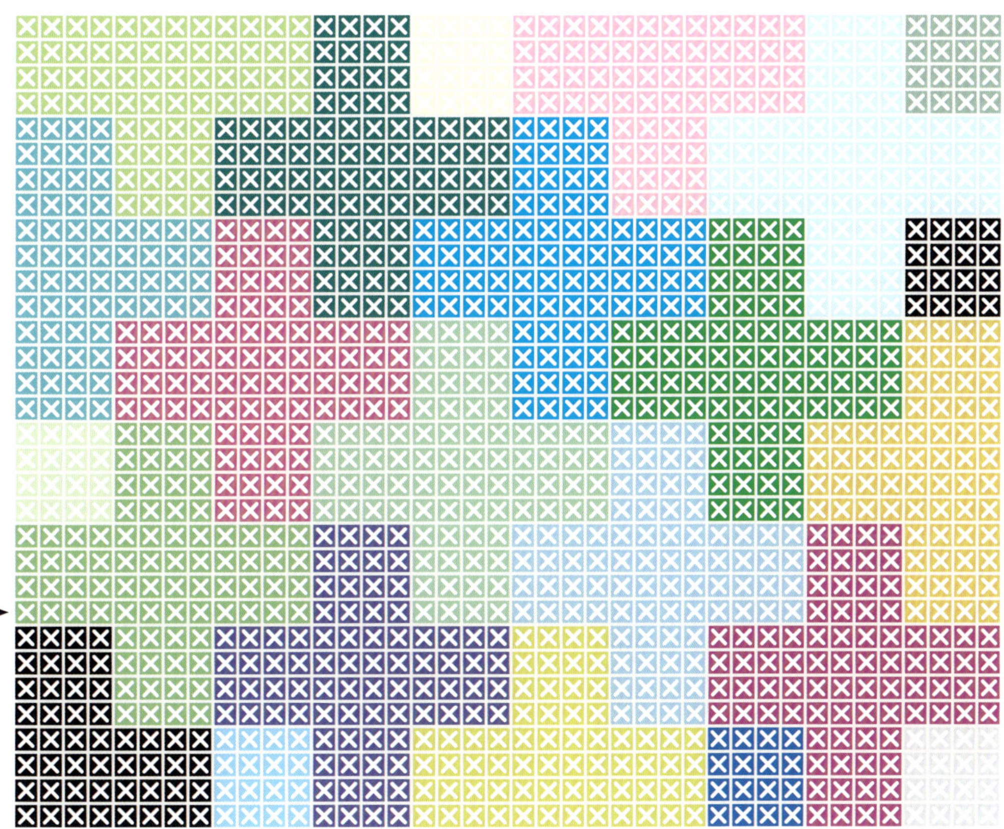

Die Kissen finden Sie auf der vorherigen Doppelseite.

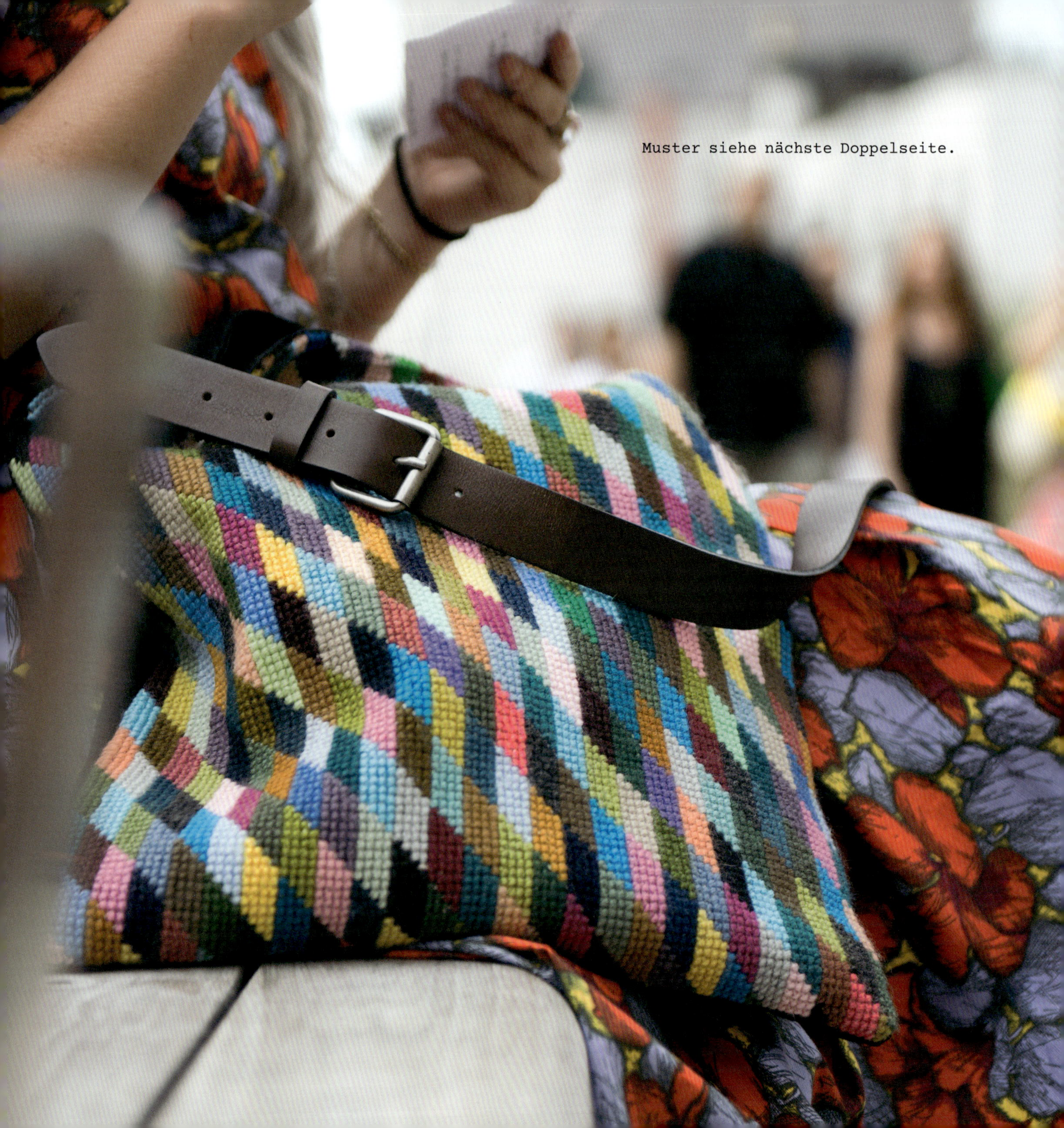

Muster siehe nächste Doppelseite.

## Eine Tasche aus Garn

Diese Tasche gibt es nur ein einziges Mal. Sie ist ein echtes Unikat. Die eine Seite ist gestickt, die andere besteht aus einem kräftigen Baumwollstoff. Und sie ist schon an einigen spannenden Orten dieser Welt gewesen. Hier ist sie in New York.

**Material:** fertige Stickerei, strapazierfähiger Baumwollstoff für die Rückseite, dünnerer Stoff als Futter, 1 Lederriemen, Schere, Nähmaschine, Bügeleisen, Nadel und Faden.

- Stickerei und Stoff für die Rückseite rechts auf rechts legen und an den langen Seiten sowie an einer kurzen Seite zusammennähen.
- Dasselbe mit dem Futterstoff wiederholen.
- Dann die Tasche wenden.
- Alle Nahtzugaben ausbügeln.
- Das Futter in die Tasche stecken. Nahtzugaben von Futter und Taschenstoff einschlagen. Zusammenstecken und mit der Nähmaschine steppen. Ein paar Zentimeter für den Schulterriemen offenlassen, der zwischen der Außentasche und dem Futter angebracht werden soll.

**Tipps:**
Schauen Sie nach Sonderangeboten für einen Ledergürtel, der sich als Riemen eignet. Fragen Sie bei Ihrem Schuster, ob er den Riemen an der Tasche festnähen kann.

## Palette

Hunderte von farbenfrohen Parallelogrammen bilden das Muster. Jede Farbe erscheint mehr als einmal. So entsteht ein einheitlicher Eindruck inmitten all der Farben.
Maße: 35 x 42 cm (ohne Nahtzugabe).

**Material:** Aida-Stoff (3,3 Loch/cm), Wollgarne in fröhlichen Farben, Nadel und Schere.

- Unten links am Stoff beginnen, aber 4 cm Nahtzugabe frei lassen.
- Zuerst acht halbe Kreuzstiche von unten nach oben sticken. Wenden und zurück die ganzen Kreuzstiche arbeiten.
- Die Reihe wechseln, ein Loch tiefer gehen und wieder acht Kreuzstiche sticken. Weitere zwei Reihen genauso arbeiten. Schon ist ein Farbfeld fertig. Den Faden vernähen und die Farbe wechseln.
- Die Reihe wechseln, ein Loch tiefer gehen und das nächste Parallelogramm genauso sticken.
- So weitersticken, bis das Muster den gesamten Stoff (bis auf die Nahtzugabe) bedeckt. Manche Parallelogramme sind am Rand nicht vollständig, das Muster wirkt aber insgesamt komplett.

Wie das Kissen genäht wird, finden Sie auf Seite 45.

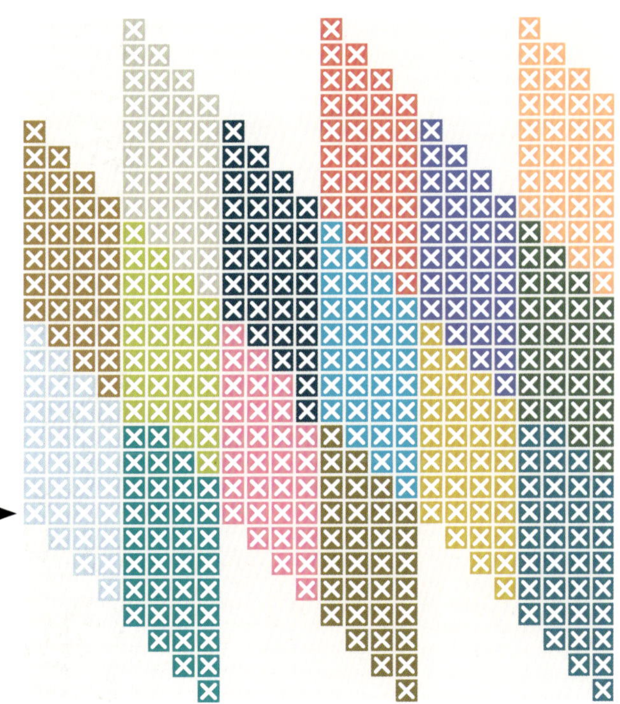

Die Stickerei als Tasche finden Sie auf Seite 82.

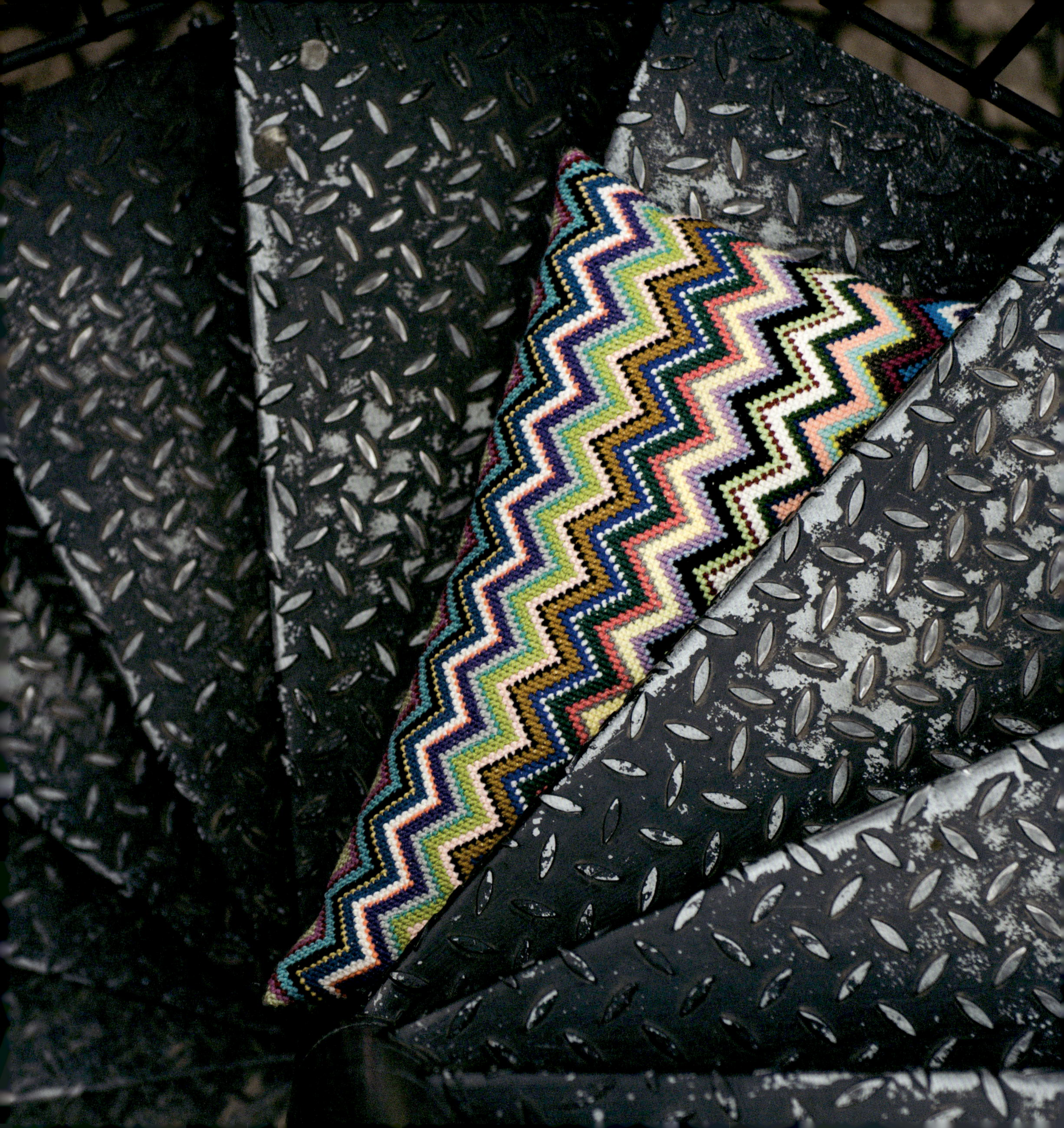

## Zickzack

Haben Sie Garnreste übrig? Dann ist ein Zickzack-Kissen ein tolles Projekt. Das Muster besteht aus unterschiedlich dicken Streifen. Die Symmetrie des Musters sorgt trotz der vielen Farben für Harmonie.
Maße: 32 x 54 cm (ohne Nahtzugabe).

**Material:** Aida-Stoff (3,3 Loch/cm), Wollgarn in Farben nach Wahl, Nadel und Schere.

- Unten links am Stoff beginnen, aber 4 cm Nahtzugabe frei lassen.
- Legen Sie selbst die Breite der Streifen fest. Im gezeigten Beispiel unten geht der erste Streifen über drei Löcher. Den Streifen immer in einer Farbe und von links nach rechts sticken. Drei halbe Kreuzstiche von unten nach oben arbeiten. Wenden und zurück die ganzen Kreuzstiche arbeiten.
- Die Reihe wechseln, ein Loch nach oben gehen und drei Kreuzstiche auf die gleiche Weise sticken. Insgesamt acht Reihen sticken.
- Jetzt wird die abschließende Linie gestickt; dazu beim Reihenwechsel ein Loch nach unten springen.
- Nach sieben Reihen wird wieder nach oben gestickt. Wenn Sie mit dem gesamten Streifen fertig sind, wird der Faden vernäht. Beginnen Sie in der Reihe darüber, sticken Sie einen zweireihigen Streifen usw.
- So weitersticken, bis das Muster den gesamten Stoff (bis auf die Nahtzugabe) bedeckt. Manche Zickzack-Streifen sind am Rand nicht vollständig, das Muster wirkt aber insgesamt komplett.

Wie das Kissen genäht wird, finden Sie auf Seite 45.

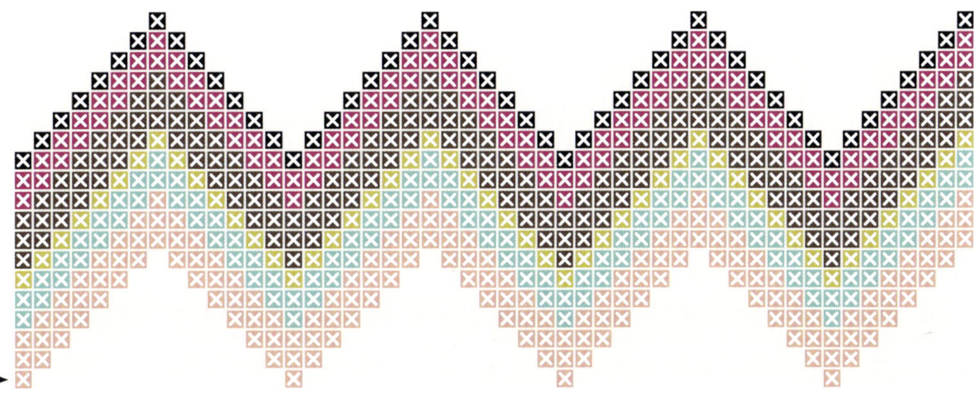

## Kronprinz

Stellen Sie sich ein Hochhaus mit erleuchteten Lampen in den Fenstern vor und verpixeln Sie sich diesen Eindruck - dann haben Sie dieses Kissen mit Kreuzstichen!
Maße: 37 x 30 cm (ohne Nahtzugabe).

**Material:** Aida-Stoff (2,5 Loch/cm) in Nugat, Wollgarn in Türkis und Naturweiß sowie Nadel und Schere.

- Unten links am Stoff beginnen, aber 4 cm Nahtzugabe frei lassen.
- Zuerst die türkisen Felder arbeiten. Sechs halbe Kreuzstiche von unten nach oben sticken. Wenden und zurück die ganzen Kreuzstiche arbeiten. Fünf weitere Reihen genauso sticken.
- Nach den türkisenen Feldern die weißen sticken, dabei aber drumherum eine Reihe frei lassen. Jedes weiße Feld misst vier Reihen im Quadrat.

Achten Sie beim Reihenwechsel darauf, dass die Stiche immer in dieselbe Richtung weisen (siehe Tipp auf Seite 32).

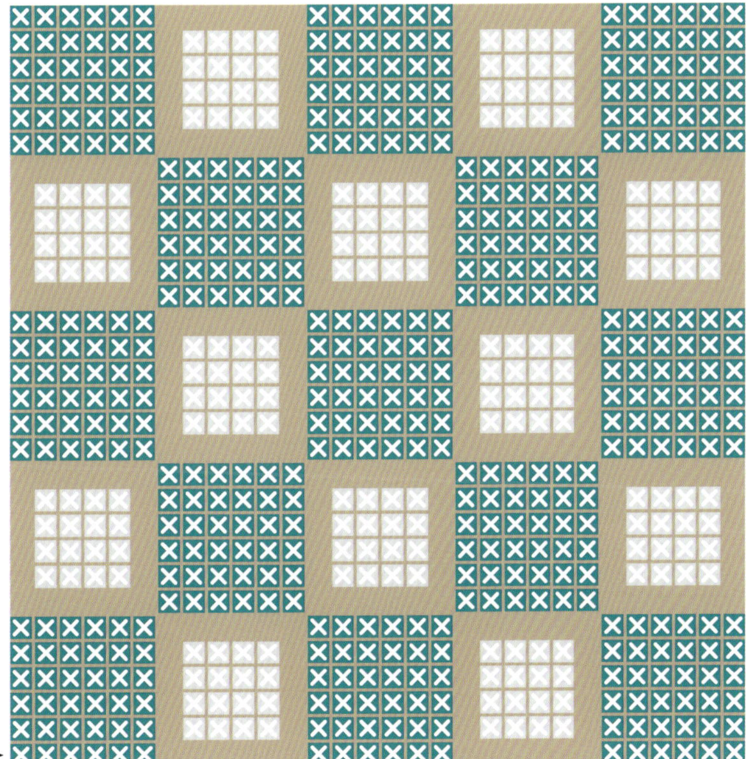

Das Kissen finden Sie auf Seite 18.

## Tipi

Dreiecke in Grün, Gelb, Weiß und Lila mit schwarzen Dreiecken dazwischen. Das Muster erinnert an bunte Zelte mitten in der Nacht. Das Kissen „Tipi" ist mit halben Kreuzstichen gestickt.
Maße: 39 x 39 cm (ohne Nahtzugabe).

**Material:** Aida-Stoff (5,4 Loch/cm), Wollgarn in verschiedenen Farbtönen von Grün, Gelb, Naturweiß und Lila sowie Nadel und Schere.

- Unten links am Stoff beginnen, aber 4 cm Nahtzugabe frei lassen.
  Zuerst die bunten Dreiecke sticken.
- Vergessen Sie nicht, beim Reihenwechsel die Stickerei um 180 Grad zu drehen.
- Zwei halbe Kreuzstiche von unten nach oben sticken. Die Arbeit drehen und die Reihe wechseln.
  Zwei Löcher tiefer springen und vier Stiche von unten nach oben sticken. Die Arbeit wieder drehen.
  Die Reihe wechseln und sechs Stiche sticken.
- Nach der neunten und längsten Reihe zwei Löcher nach oben springen. Immer kürzere Reihen sticken, bis das Dreieck seine Form erhält.
- Wenn alle bunten Dreiecke fertig sind, wird der Zwischenraum mit schwarzem Garn gefüllt.
- So weitersticken, bis das Muster den gesamten Stoff (bis auf die Nahtzugabe) bedeckt. Manche Dreiecke sind am Rand nicht vollständig, das Muster wirkt aber insgesamt komplett.

Wie das Kissen genäht wird, finden Sie auf Seite 45.

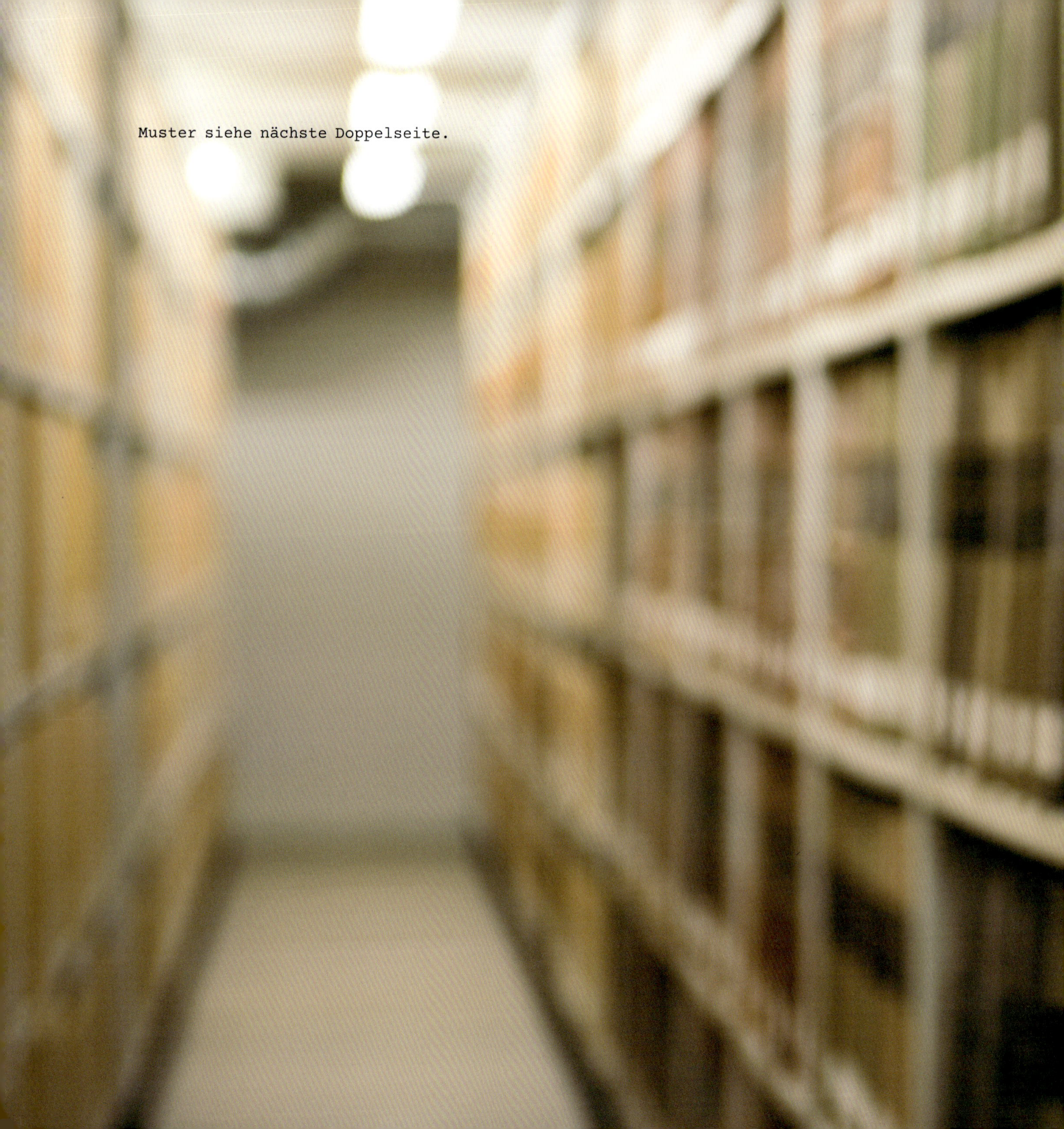

Muster siehe nächste Doppelseite.

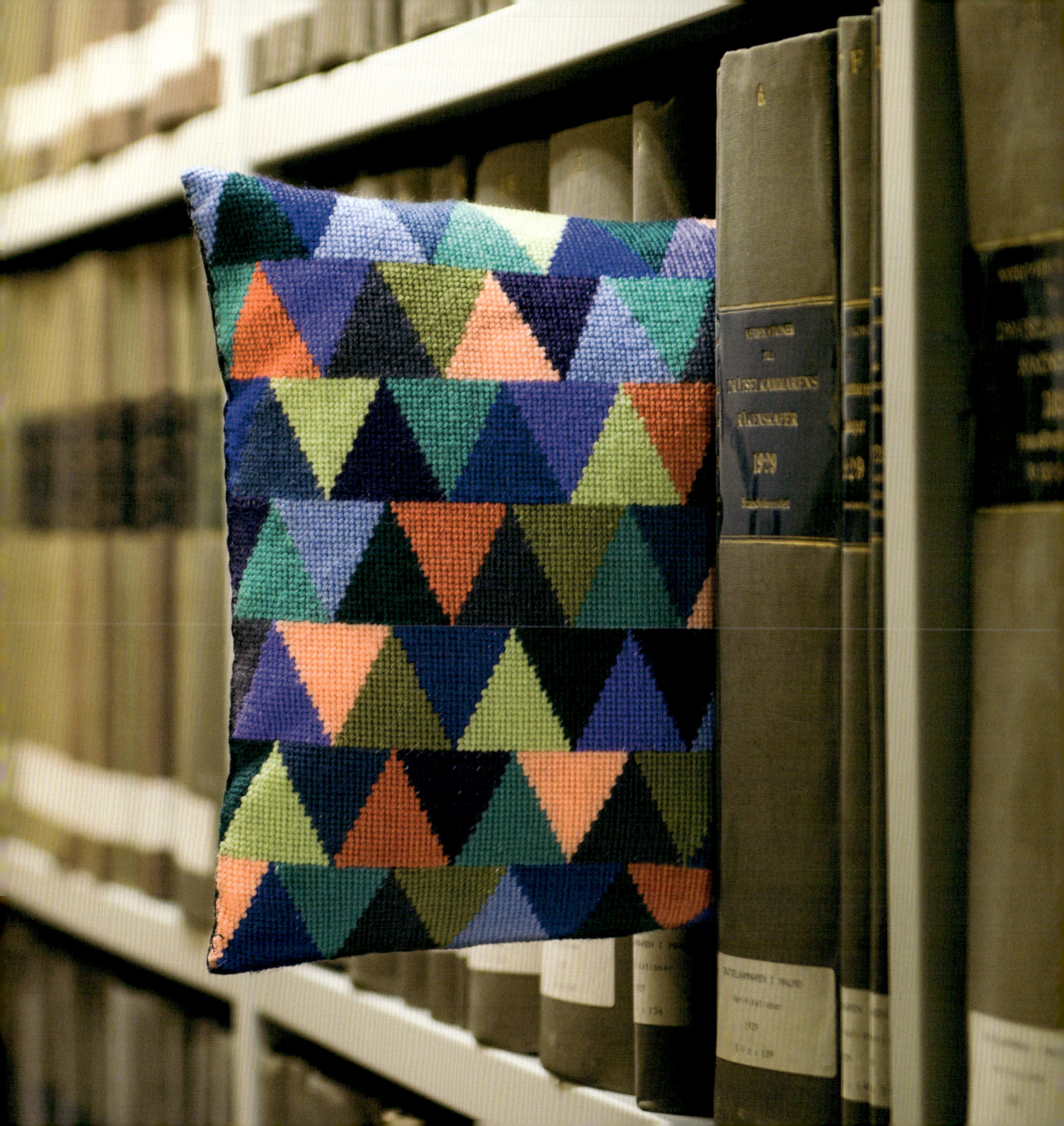

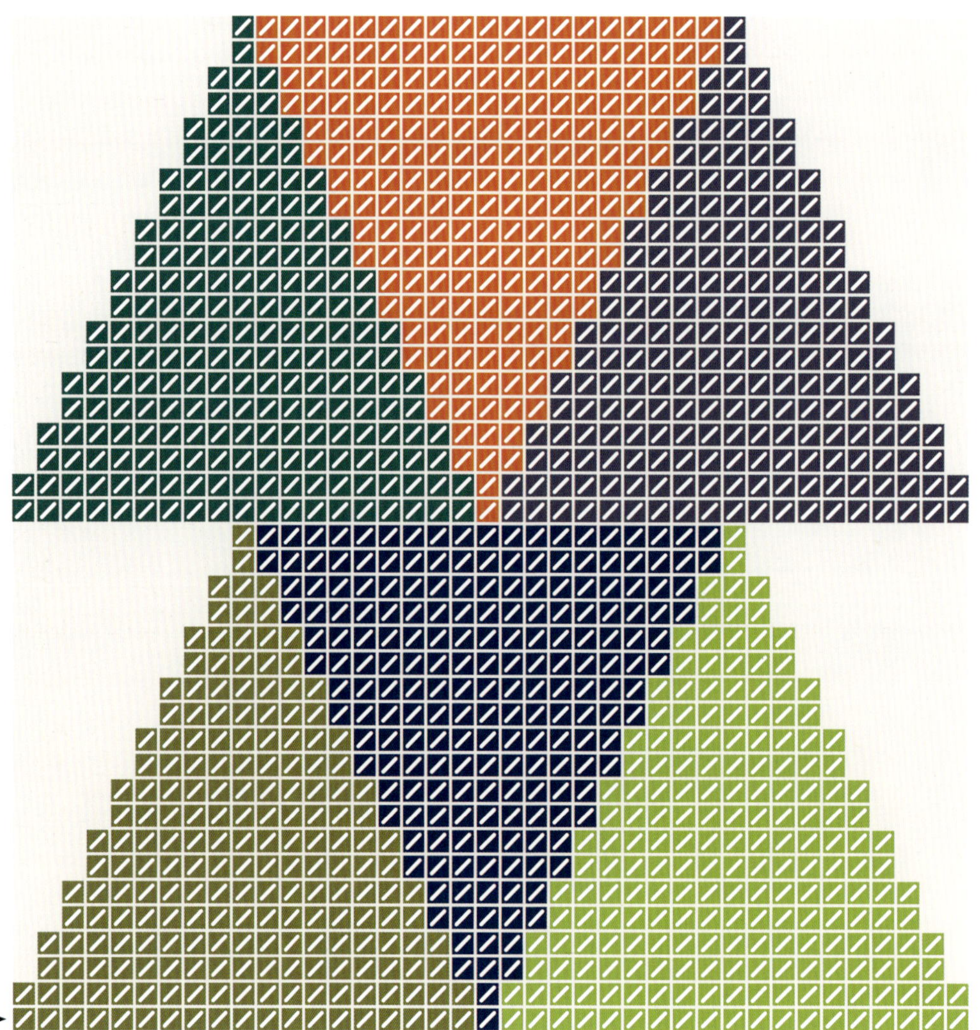

Das Kissen finden Sie auf der vorherigen Doppelseite.

## Index

Das Kissen im Archiv auf der vorherigen Doppelseite ist mit bunten Dreiecken verziert. Jeweils eins zeigt nach oben, das andere nach unten.

Maße: 40 x 30 cm (ohne Nahtzugabe).

**Material:** Aida-Stoff (5,4 Loch/cm), Wollgarn in verschiedenen Farbtönen in Grün, Blau, Lila und Korallenrot sowie Nadel und Schere.

- Unten links am Stoff beginnen, aber 4 cm Nahtzugabe frei lassen.
- Vergessen Sie nicht, beim Reihenwechsel die Stickerei um 180 Grad zu drehen.
- Zwei halbe Kreuzstiche von unten nach oben sticken. Die Arbeit drehen und die Reihe wechseln.
  Zwei Löcher tiefer springen und vier Stiche von unten nach oben sticken. Die Arbeit wieder drehen.
  Die Reihe wechseln und sechs Stiche sticken.
- Nach der zehnten und längsten Reihe immer zwei Löcher kürzere Reihen sticken, bis das Dreieck seine Form erhält.
- So weitersticken, bis das Muster den gesamten Stoff (bis auf die Nahtzugabe) bedeckt. Manche Dreiecke sind am Rand nicht vollständig, das Muster wirkt aber insgesamt komplett.

Wie das Kissen genäht wird, finden Sie auf Seite 45.

## Treppe

Das Muster besteht eigentlich nur aus verschiedenfarbigen Blöcken, die zusammen einen dreidimensionalen Eindruck vermitteln. Die Stickerei wird mit halben Kreuzstichen gestickt. Es ist überhaupt nicht so schwer, wie es aussieht.

**Material:** Aida-Stoff (5,4 Loch/cm), Wollgarn in vielen Farben, Nadel und Schere.

- Unten links am Stoff beginnen, aber 4 cm Nahtzugabe frei lassen.
- Vergessen Sie nicht, beim Reihenwechsel die Stickerei um 180 Grad zu drehen.
- Neun halbe schwarze Kreuzstiche von unten nach oben sticken. Die Stickerei drehen und die Reihe wechseln.
- Insgesamt neun Reihen genauso arbeiten.
- Tipp: Das nächste schwarze Quadrat am besten schräg rechts nach oben aufsticken.
- Nach den schwarzen Quadraten die weißen Partien sticken.
- Insgesamt neun weiße Reihen arbeiten; dabei in jeder zweiten Reihe ein Loch nach oben und in jeder zweiten Reihe eine Reihe nach unten springen.
- Danach die bunten Felder sticken, die zwischen den weißen und schwarzen liegen.

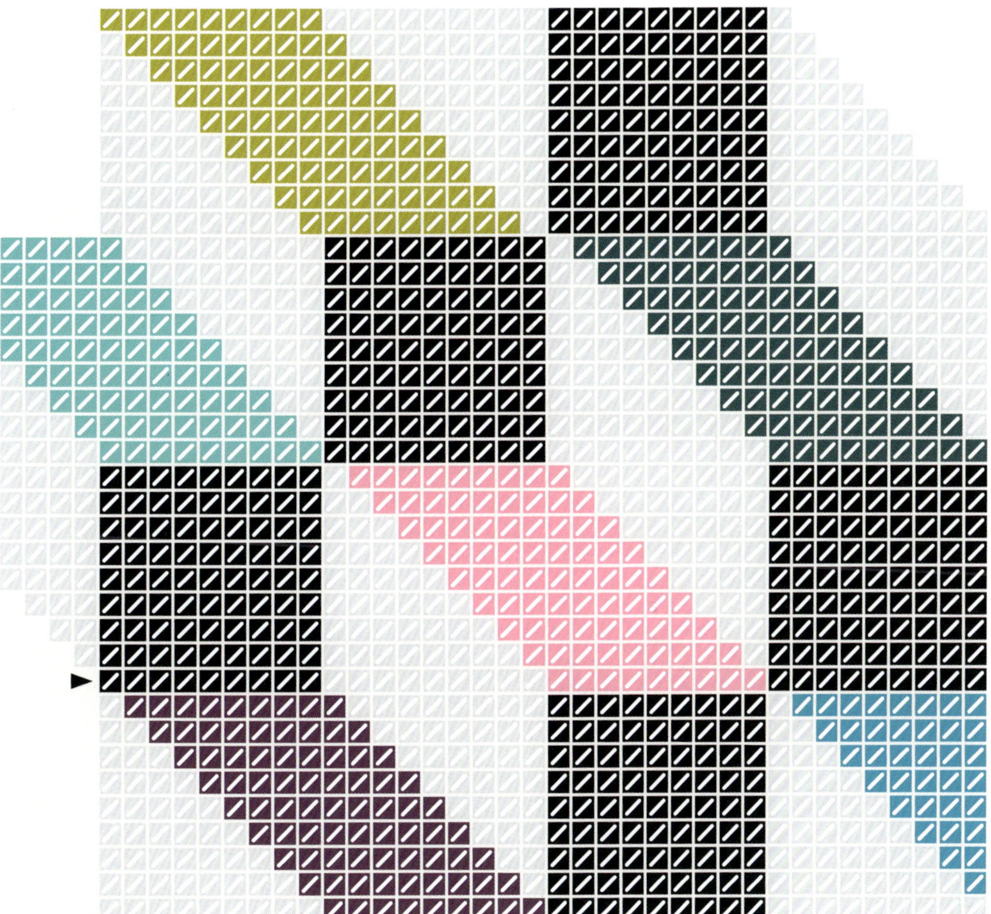

Die Stickerei finden Sie auf Seite 15.

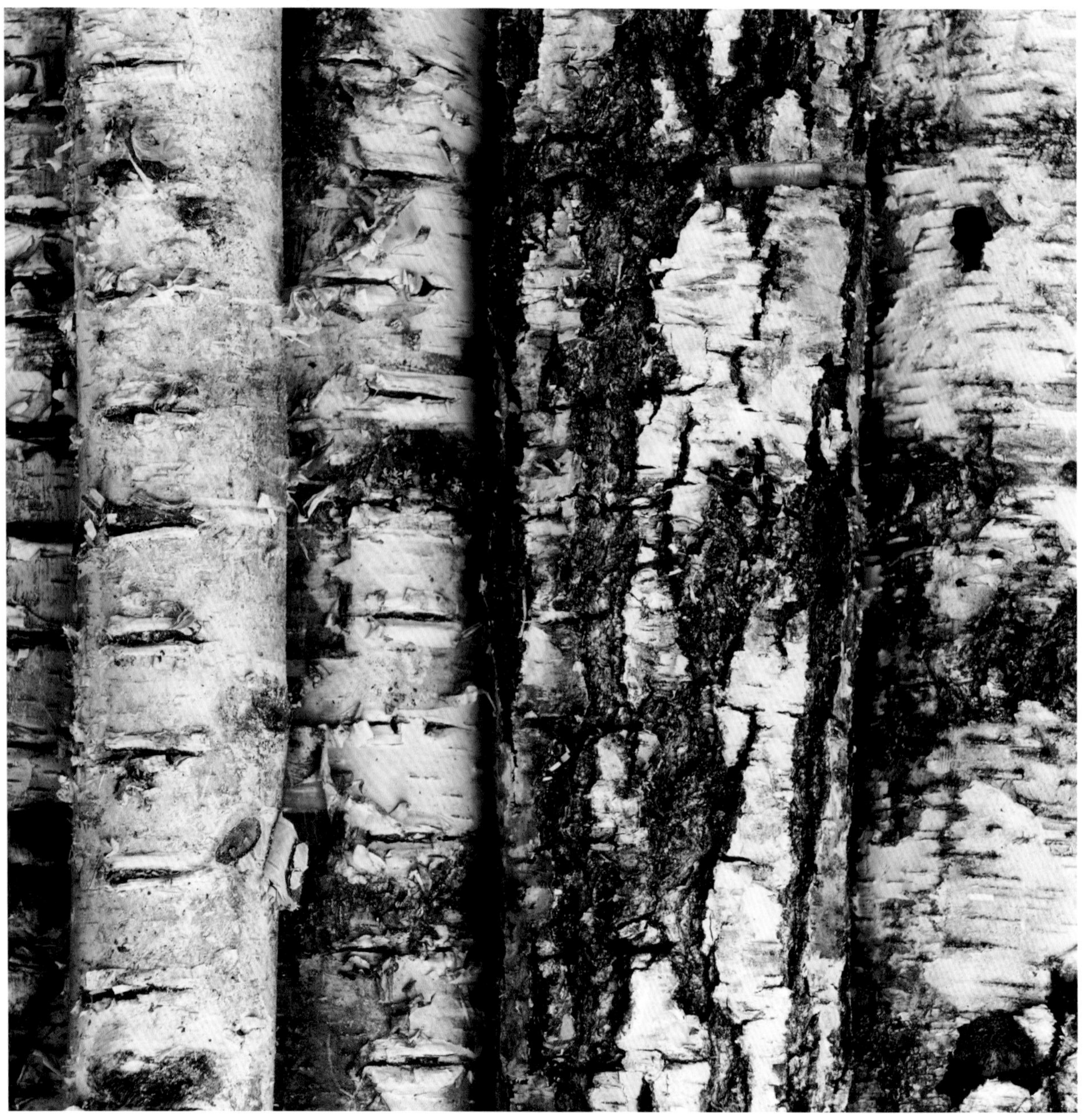

# SCHWARZ UND WEISS

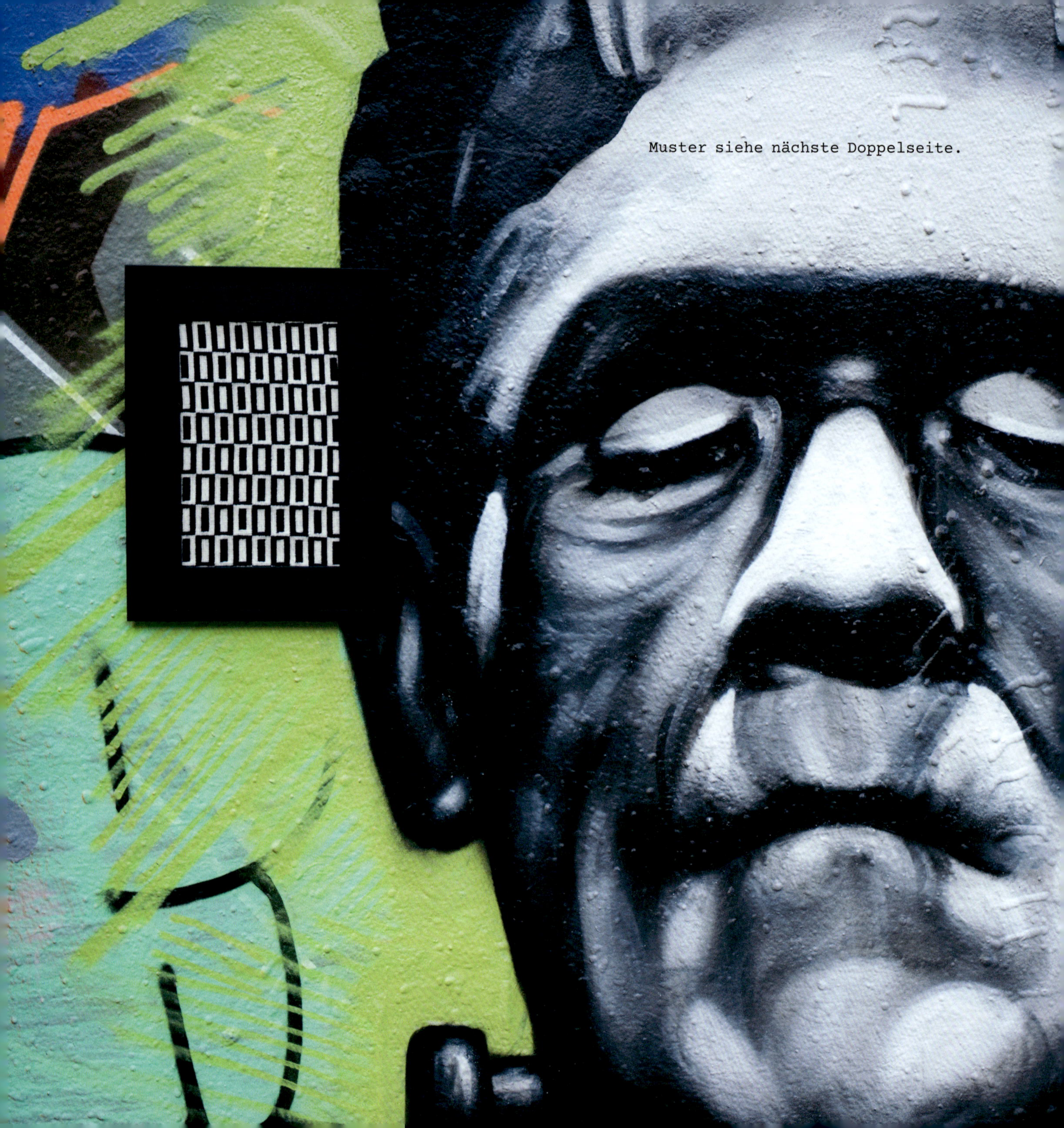

Muster siehe nächste Doppelseite.

## Höhepunkt der Kontraste

Schwarz und Weiß bilden zusammen den maximalen Kontrast. Die beiden Farben sind seit Jahr und Tag eine beliebte Kombination: auf dem Schachbrett, auf dem klassisch gemusterten Küchenboden und bei vielen Inneneinrichtungen. Schwarz und Weiß scheinen immer aktuell zu bleiben.

Für besondere Effekte kann man auf verschiedene Arten mit Schwarz und Weiß spielen. Helle Muster scheinen beispielsweise vor einem dunklen Hintergrund hervorzustechen, was dunkle Muster auf einer hellen Oberfläche so nicht tun. Probieren Sie aus, wie viele unterschiedliche Wirkungen man mit den Farbgegensätzen Schwarz und Weiß erzeugen kann.

## Frankenstein

Das Stickmuster und die Schwarz-Weiß-Kontraste ergeben einen optischen Effekt. Für einige wirkt es dreidimensional, andere sehen darin einen Wellencharakter. Wie empfinden Sie es?
Maße: 29 x 19 cm.

**Material:** Aida-Stoff (5,4 Loch/cm), Wollgarn in Schwarz und Naturweiß sowie Nadel und Schere.

- Unten links am Stoff beginnen, aber 4 cm Nahtzugabe frei lassen.
- Vergessen Sie nicht, beim Reihenwechsel die Stickerei um 180 Grad zu drehen.
- 17 halbe Kreuzstiche in Schwarz von unten nach oben sticken. Die Stickerei drehen und die Reihe wechseln. Insgesamt drei Reihen genauso arbeiten.
- Die kurzen Reihen an der Oberkante des Rahmens sticken: vier Reihen mit je zwei halben Kreuzstichen. Den Faden vernähen.
- Dasselbe nun an der unteren Kante des Rahmens wiederholen.
- Danach die drei langen Reihen sticken und den Faden vernähen.
- Den Rahmen mit halben Kreuzstichen mit dem hellen Garn ausfüllen.
- Das nächste Feld genauso arbeiten, aber in umgekehrter Farbkombination. Die optische Täuschung wird mit jedem gestickten Feld deutlicher.

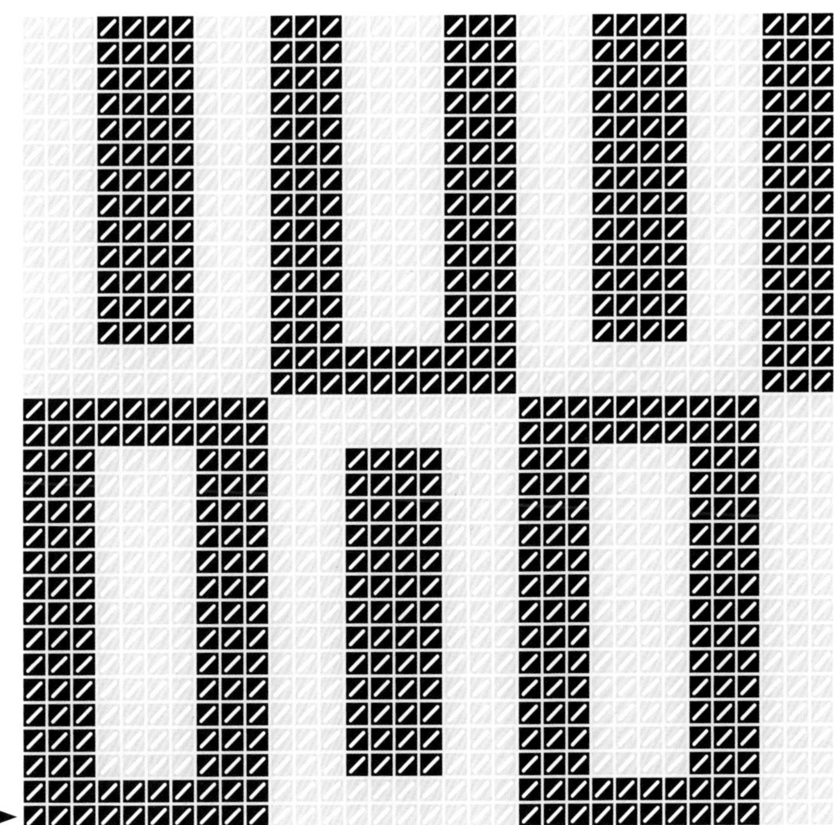

Die gesamte Stickerei sehen Sie auf Seite 98.

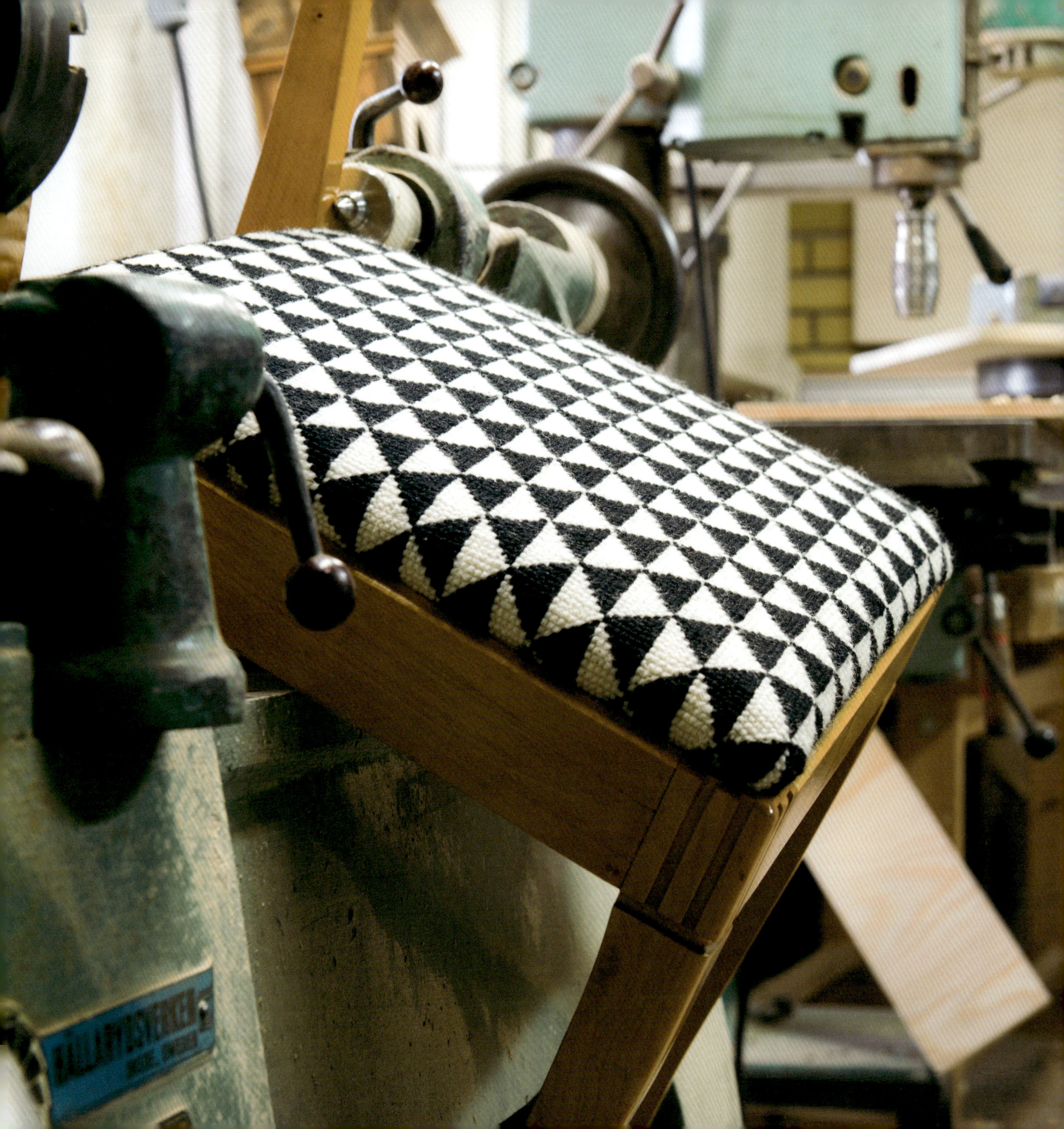

## Birkenrinde

Was kann besser zu einem alten Stuhl aus Birkenholz passen, als ihn mit einem schwarz-weißen Sitzkissen auszustatten, das optisch an einen Birkenstamm erinnert? Das Muster besteht aus schwarzen und weißen Dreiecken.

**Material:** Aida-Stoff (3,3 Loch/cm), Wollgarn in Schwarz und Naturweiß sowie Nadel und Schere.

- Messen Sie zuerst die Sitzfläche des Stuhls, bevor Sie den Stoff zuschneiden. Achten Sie auch darauf, dass die Stickerei etwas über den sichtbaren Teil hinausgeht, das sieht am schönsten aus.
- Unten links am Stoff beginnen, aber 4 cm Nahtzugabe frei lassen.
  Mit den schwarzen Dreiecken beginnen.
- Einen halben Kreuzstich von unten nach oben arbeiten. Wenden und zurück den ganzen Kreuzstich arbeiten. Die Reihe wechseln und zwei Kreuzstiche machen. Wenn Sie sieben Reihen gestickt haben, werden die Reihen nach und nach kürzer, damit das Dreieck seine Form annimmt.
- Wenn ein Dreieck fertig ist, ein Loch überspringen und ein neues Dreieck beginnen. Wenn die schwarzen Dreiecke alle gestickt sind, werden die Zwischenräume mit weißen Kreuzstichen gefüllt.
- So weitersticken, bis das Muster den gesamten Stoff (bis auf die Nahtzugabe) bedeckt. Manche Rauten sind am Rand nicht vollständig, das Muster wirkt aber insgesamt komplett.

Achten Sie beim Reihenwechsel darauf, dass die Stiche immer in dieselbe Richtung weisen (siehe Tipp auf Seite 32).

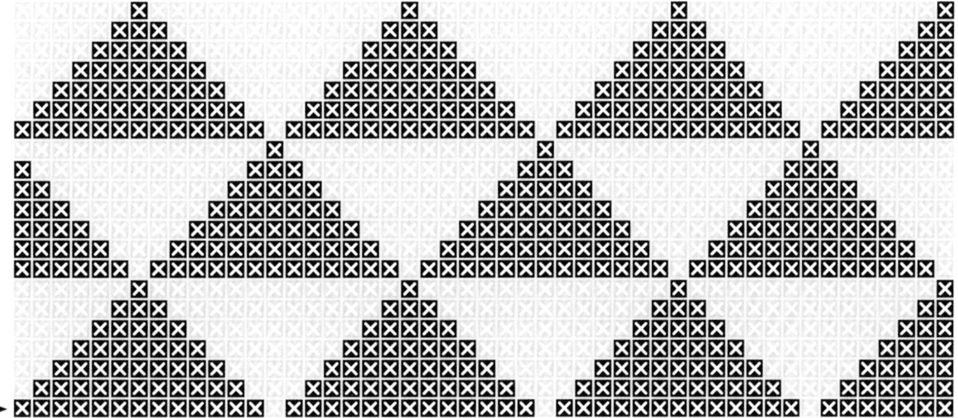

## Vorwärts

Mal schwarz, mal weiß. Das Muster ähnelt Pfeilen, die dicht nacheinander erscheinen. Zusammen bilden sie eine Art Zickzackmuster. Witzig und klassisch.
Maße: 29 x 45 cm (ohne Nahtzugabe).

**Material:** Aida-Stoff (5,4 Loch/cm), Wollgarn in Schwarz und Naturweiß, Nadel und Schere.

- Unten links am Stoff beginnen, aber 4 cm Nahtzugabe frei lassen.
- Vergessen Sie nicht, beim Reihenwechsel die Stickerei um 180 Grad zu drehen.
- 15 halbe Kreuzstiche in Schwarz von unten nach oben sticken. Die Arbeit drehen und die Reihe wechseln. Ein Loch nach unten springen und die nächste Reihe sticken.
- Insgesamt sechs Reihen sticken. Dabei immer abwechselnd in einer Reihe ein Loch nach oben und in der nächsten Reihe ein Loch nach unten springen.
- Die Reihe wechseln, ein Loch nach unten springen und die Reihen weitersticken, bis der Pfeil fertig ist.
- Nun wird der nächste schwarze Pfeil gestickt. Er beginnt an der oberen Kante des vorherigen Pfeils. Machen Sie zunächst sechs absteigende Reihen und dann fünf aufsteigende Reihen. Jetzt ist ein weiterer Pfeil fertig - er zeigt nicht nach oben, sondern nach unten.
- Wenn alle schwarzen Pfeile fertig sind, werden die naturweißen gestickt.
- So weitersticken, bis das Muster den gesamten Stoff (bis auf die Nahtzugabe) bedeckt. Manche Rauten sind am Rand nicht vollständig, das Muster wirkt aber insgesamt komplett.

Achten Sie beim Reihenwechsel darauf, dass die Stiche immer in dieselbe Richtung weisen (siehe Tipp auf Seite 32).

Wie das Kissen genäht wird, finden Sie auf Seite 45.

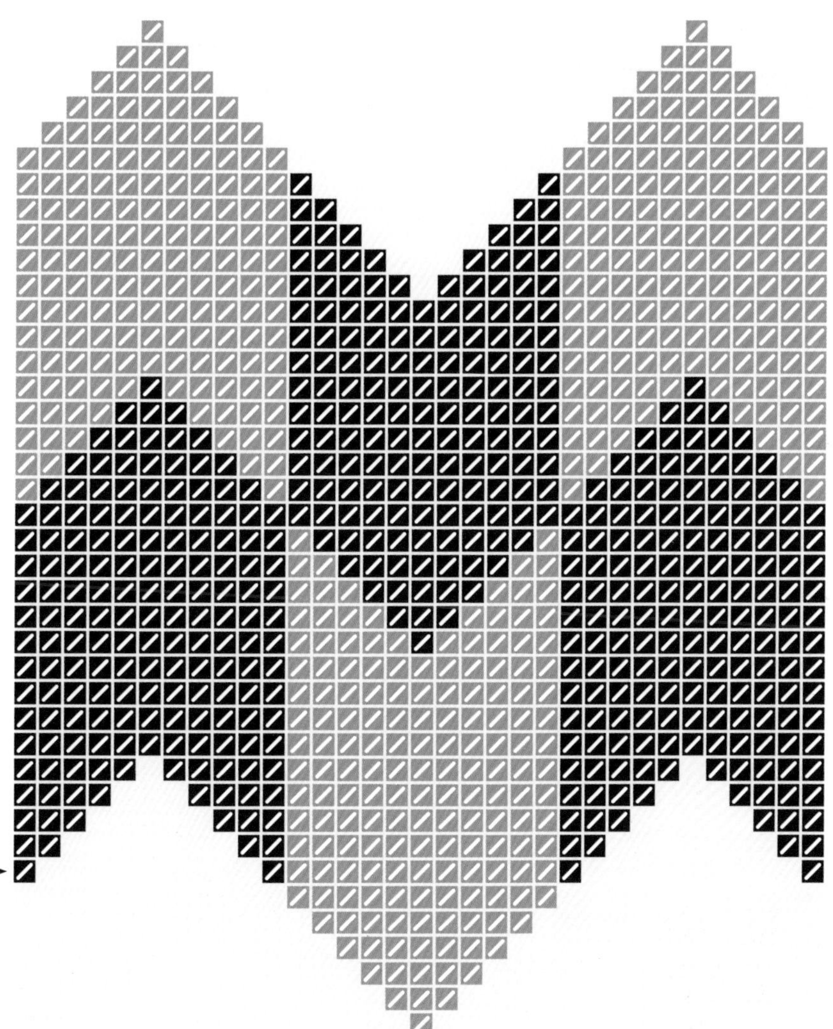

Das Kissen finden Sie auf Seite 23.

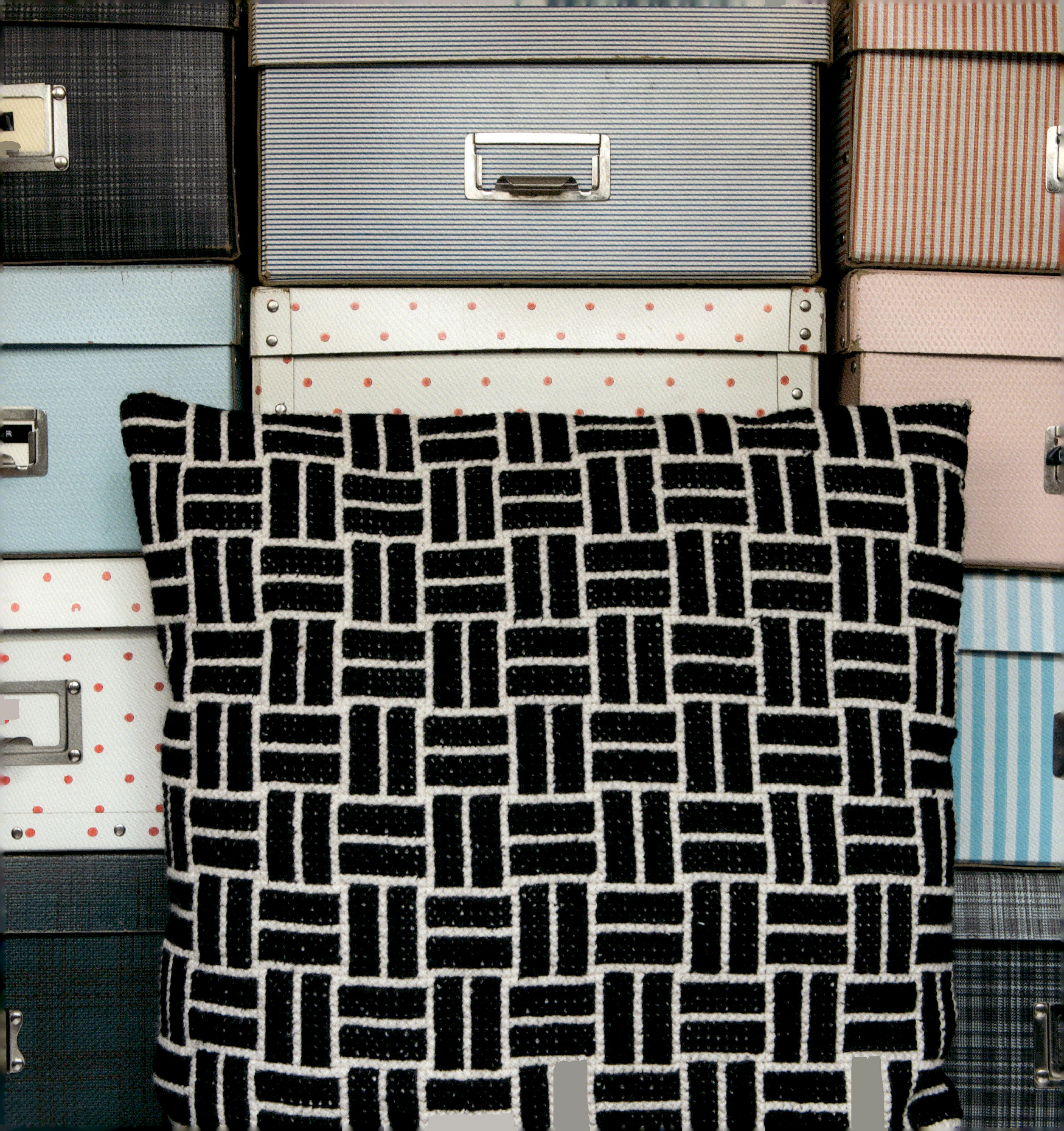

## Gullydeckel

Das Muster erinnert an den Deckel eines Gullys. Es besteht aus zwei vertikalen und zwei horizontalen Balken, die sich mit weißen Umrandungen dazwischen abwechseln. Schlicht und einfach schön.
Maße: 42 x 42 cm (ohne Nahtzugabe).

**Material:** Aida-Stoff (2,5 Loch/cm), Wollgarn in Schwarz und Naturweiß, Nadel und Schere.

- Unten links am Stoff beginnen, aber 4 cm Nahtzugabe frei lassen.
- Mit den zwei senkrechten Balken beginnen: Neun halbe Kreuzstiche in Schwarz von unten nach oben sticken. Wenden und zurück die ganzen Kreuzstiche arbeiten.
- Reihe wechseln und weitere zwei Reihen daneben sticken.
- Eine Reihe frei lassen und drei weitere Reihen genauso sticken.
- Nun die zwei liegenden Balken sticken. Eine Reihe überspringen und ein Loch nach oben gehen. Drei halbe Kreuzstiche von unten nach oben sticken. Wenden und zurück die ganzen Kreuzstiche arbeiten. Insgesamt neun Reihen auf diese Weise sticken.
- Eine Reihe frei lassen und einen weiteren liegenden Balken darüber sticken.
- Wenn alle schwarzen Felder fertig sind, werden die Zwischenräume mit Naturweiß gefüllt.

Achten Sie beim Reihenwechsel darauf, dass die Stiche immer in dieselbe Richtung weisen (siehe Tipp auf Seite 32).

Wie das Kissen genäht wird, finden Sie auf Seite 45.

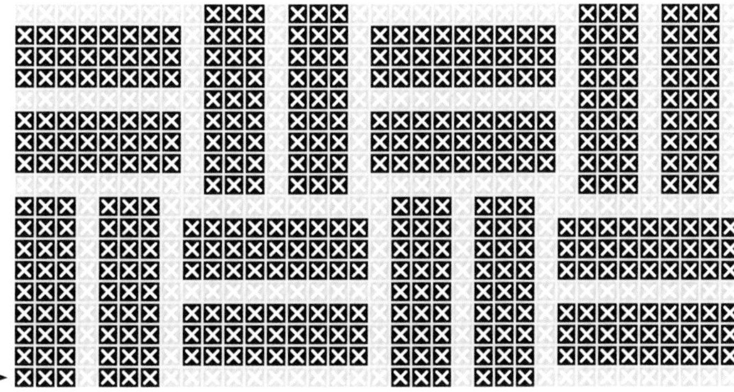

## Schachmatt

Das Schachbrettmuster ist ein echter Klassiker, der zu den meisten Stilrichtungen passt. Hier wird das beliebte Muster mit schwarzen und weißen Kreuzstichen nachgebildet. Maße: 32 x 59 cm (ohne Nahtzugabe).

**Material:** Aida-Stoff (3,3 Loch/cm), Wollgarn in Schwarz und Naturweiß, Nadel und Schere.

- Unten links am Stoff beginnen, aber 4 cm Nahtzugabe frei lassen.
- Zuerst die schwarzen Felder arbeiten: Einen halben Kreuzstich von unten nach oben sticken. Wenden und zurück den ganzen Kreuzstich arbeiten.
- Die Reihe wechseln, ein Loch nach unten gehen, eine Reihe mit drei Kreuzstichen machen und so weiter. Nach der Reihe mit elf Kreuzstichen werden nach und nach wieder weniger Kreuzstiche pro Reihe gemacht, bis ein Quadrat fertig ist.
- Wenn die Quadrate eines ganzen Streifens fertig sind, machen Sie in der Reihe darüber weiter. Dabei sorgfältig abzählen, damit Sie an der richtigen Stelle beginnen.
- Wenn alle schwarzen Quadrate fertig sind, sticken Sie die naturweißen.
- So weitersticken, bis das Muster den gesamten Stoff (bis auf die Nahtzugabe) bedeckt. Manche Quadrate sind am Rand nicht vollständig, das Muster wirkt aber insgesamt komplett.

Wie das Kissen genäht wird, finden Sie auf Seite 45.

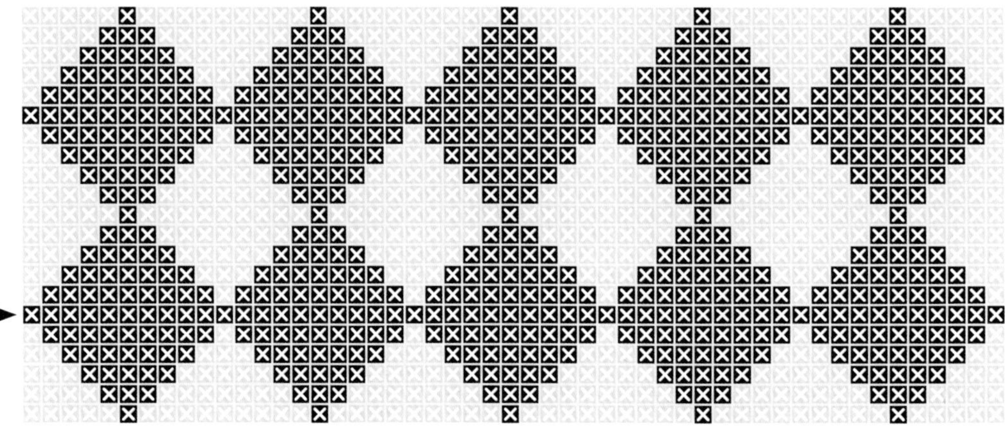

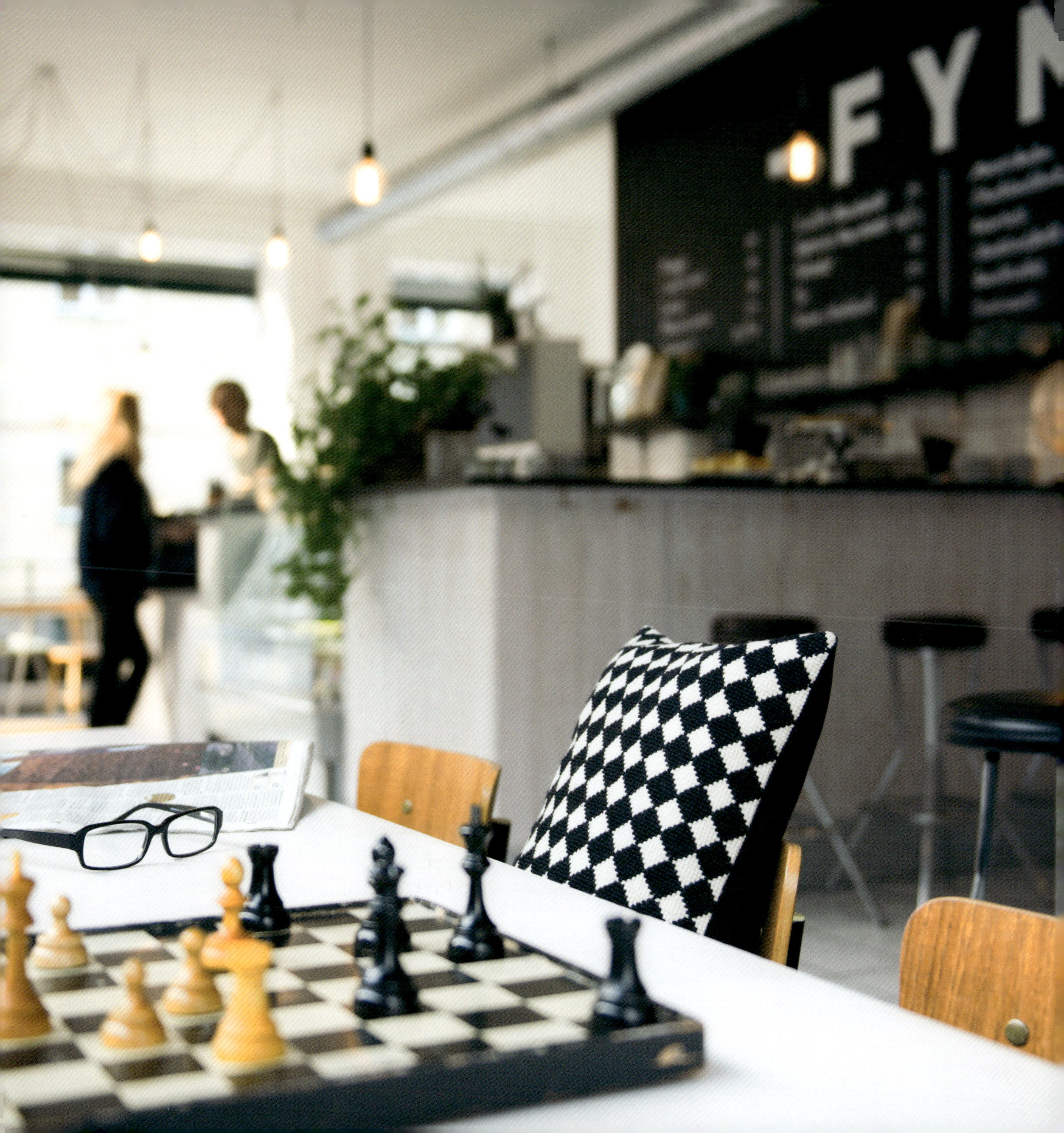
FYN

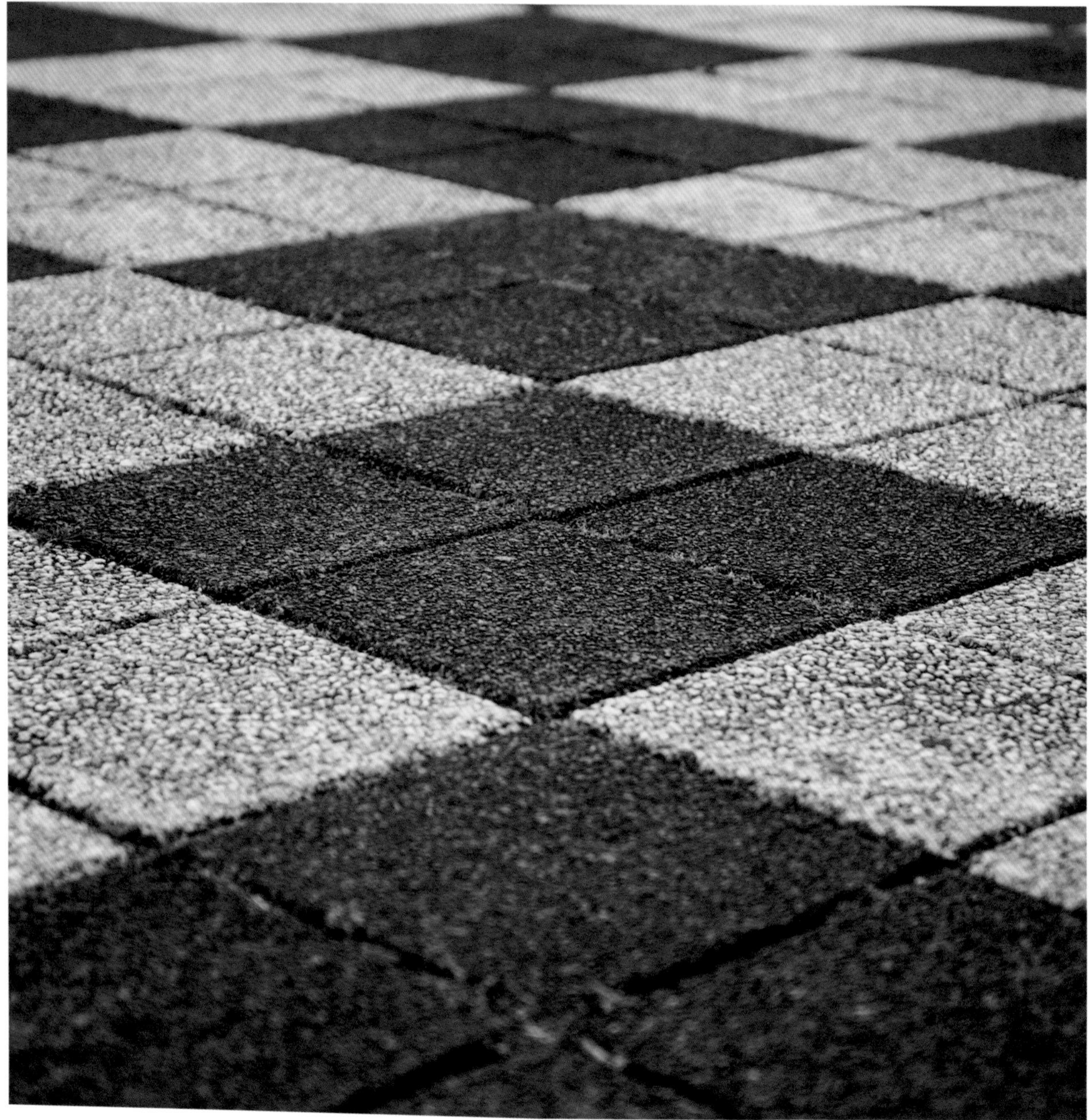

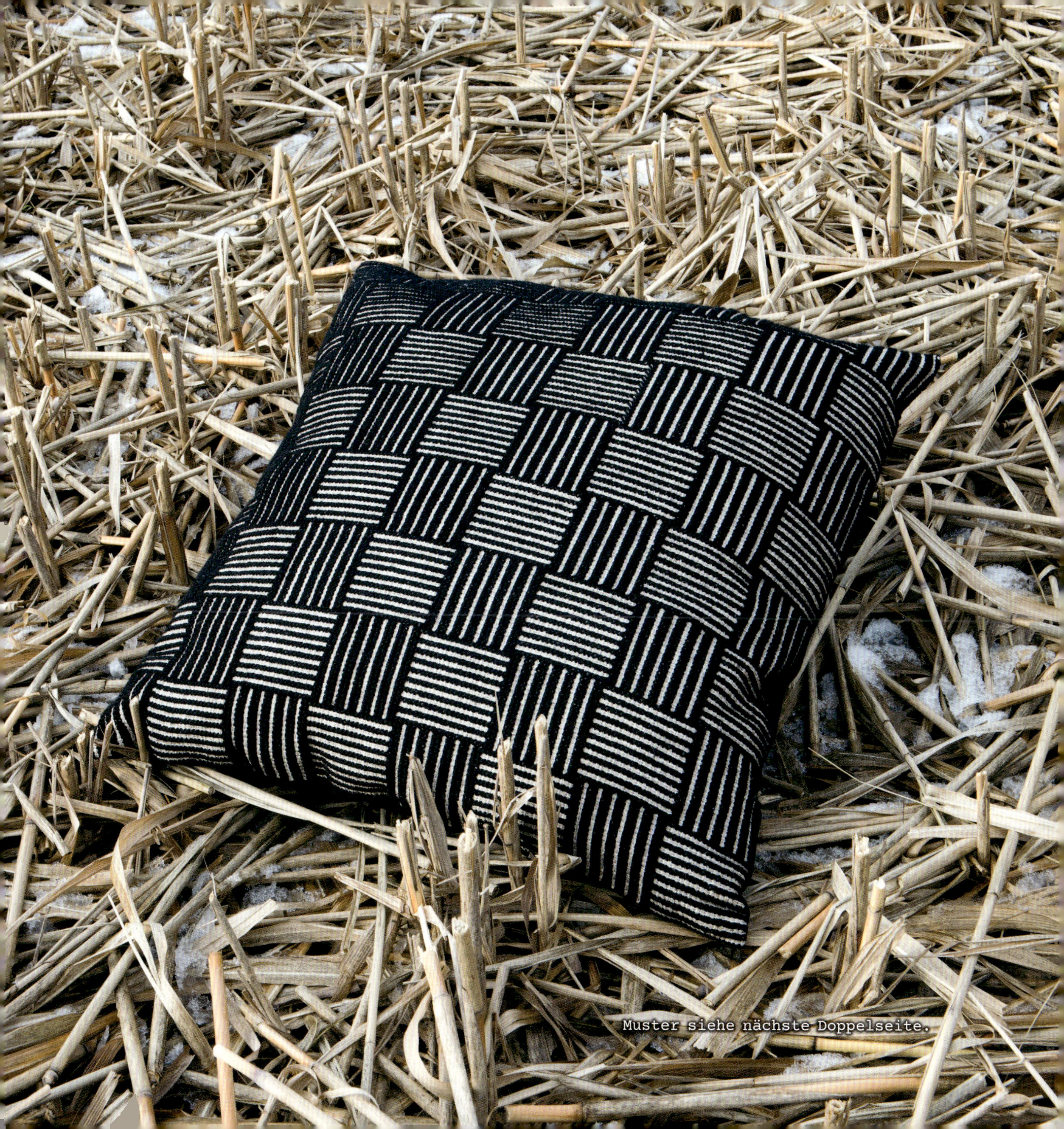

Muster siehe nächste Doppelseite.

Das Kissen finden Sie auf der vorherigen Seite.

## Massai

Das Kissen auf Seite 111 ist inspiriert von afrikanischen Mustern und Handwerkskunst. Es besteht aus großen gestreiften Feldern. Sie sind mit jeweils etwas breiteren und etwas schmaleren Balken gestickt.
Maße: 60 x 60 cm (ohne Nahtzugabe).

**Material:** Aida-Stoff (2,5 Loch/cm) in Naturbraun, Wollgarn in Schwarz, Nadel und Schere.

- Unten links am Stoff beginnen, aber 4 cm Nahtzugabe frei lassen.
- 19 halbe Kreuzstiche von unten nach oben sticken. Wenden und zurück ganze Kreuzstiche arbeiten.
- Die Reihe wechseln und eine weitere Reihe daneben sticken. Insgesamt sieben senkrechte Balken mit je zwei Reihen nebeneinander und einer frei gelassenen Reihe sticken.
- Nun das Feld mit den liegenden Balken sticken. 20 halbe Kreuzstiche von links nach rechts sticken. Wenden und zurück ganze Kreuzstiche arbeiten.
- Nach zehn liegenden Balken mit je einer frei gelassenen Reihe dazwischen werden wieder senkrechte Balken gestickt.

Achten Sie beim Reihenwechsel darauf, dass die Stiche immer in dieselbe Richtung weisen (siehe Tipp auf Seite 32).

Wie das Kissen genäht wird, finden Sie auf Seite 45.

## Sherlock

Dieses Kissen erinnert an einen gut gekleideten Herrn von den britischen Inseln. Ein klassisches Muster, das stilvolle Eleganz ausstrahlt.
Maße: 32 x 59 cm (ohne Nahtzugabe)

**Material:** Aida-Stoff (3,3 Loch/cm), Wollgarn in Dunkelgrau und Naturweiß, Nadel und Schere.

- Unten links am Stoff beginnen, aber 4 cm Nahtzugabe frei lassen.
- Mit dem dunkelgrauen Garn beginnen und sechs halbe Kreuzstiche von unten nach oben sticken. Wenden und zurück ganze Kreuzstiche arbeiten.
- Die Reihe wechseln und weitere sechs Reihen sticken.
- Nun wird das Feld gestickt, bei dem abwechselnd ein Kreuz weiß und ein Kreuz grau gestickt wird.
- Drei dunkelgraue halbe Kreuzstiche von unten nach oben sticken und dabei jeweils ein Loch frei lassen. Wenden und zurück die ganzen Kreuzstiche arbeiten. Genauso in der nächsten Reihe verfahren, aber das erste Loch frei lassen.
- Wenn das zweifarbige Feld fertig ist, wird noch ein dunkelgraues Feld gestickt. Diesmal sind es vier Reihen mit je sechs Kreuzstichen.
- Wenn alles Dunkelgraue gestickt ist, werden die Zwischenräume mit Naturweiß gefüllt.

Achten Sie beim Reihenwechsel darauf, dass die Stiche immer in dieselbe Richtung weisen (siehe Tipp auf Seite 32).

Wie das Kissen genäht wird, finden Sie auf Seite 45.

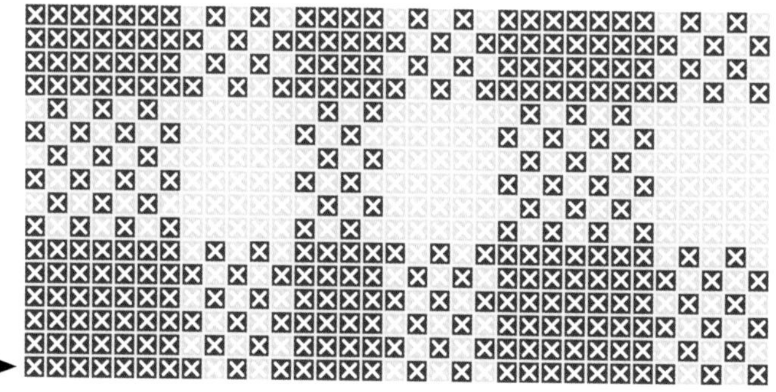

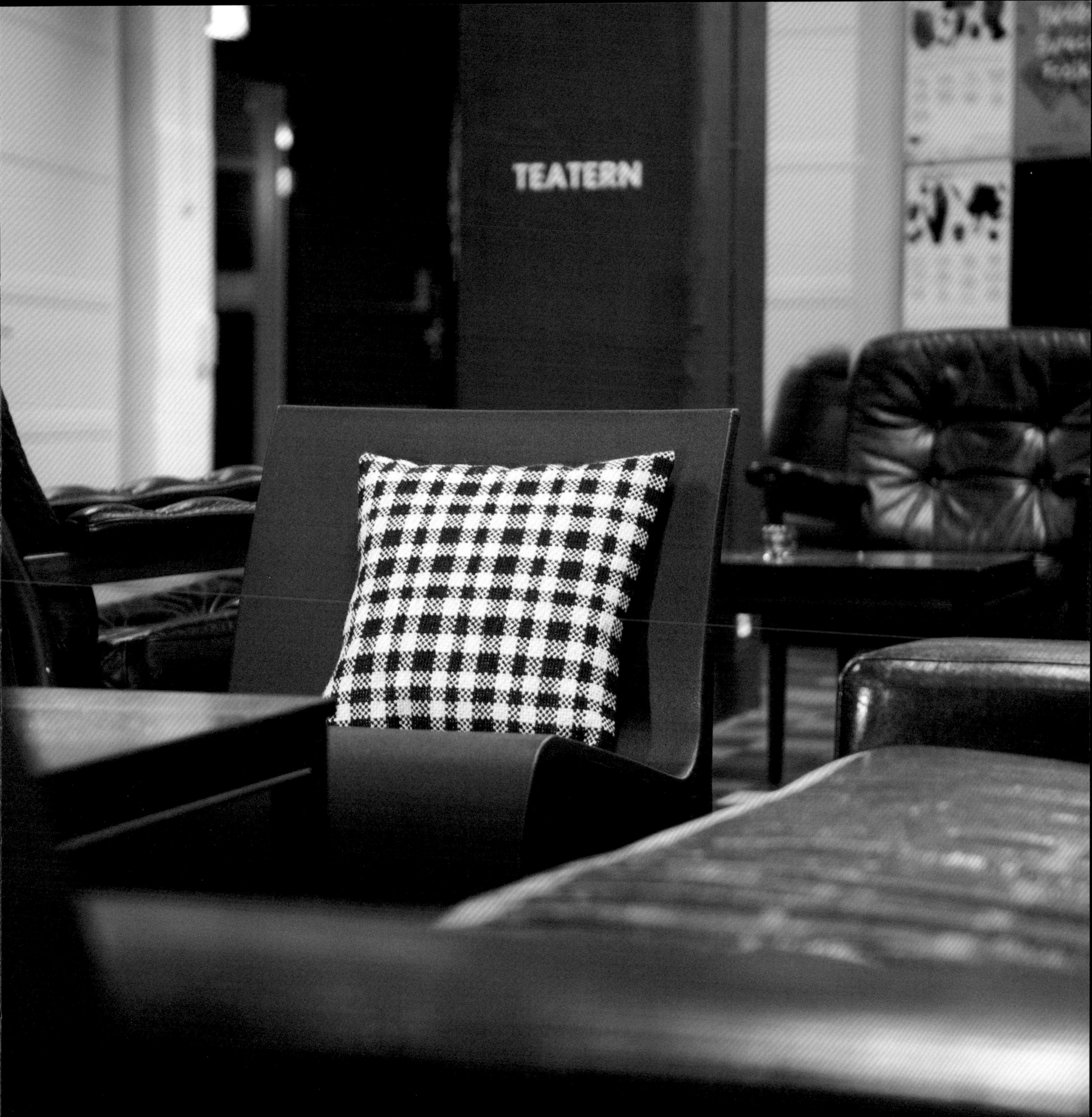
TEATERN

Muster siehe nächste Doppelseite.

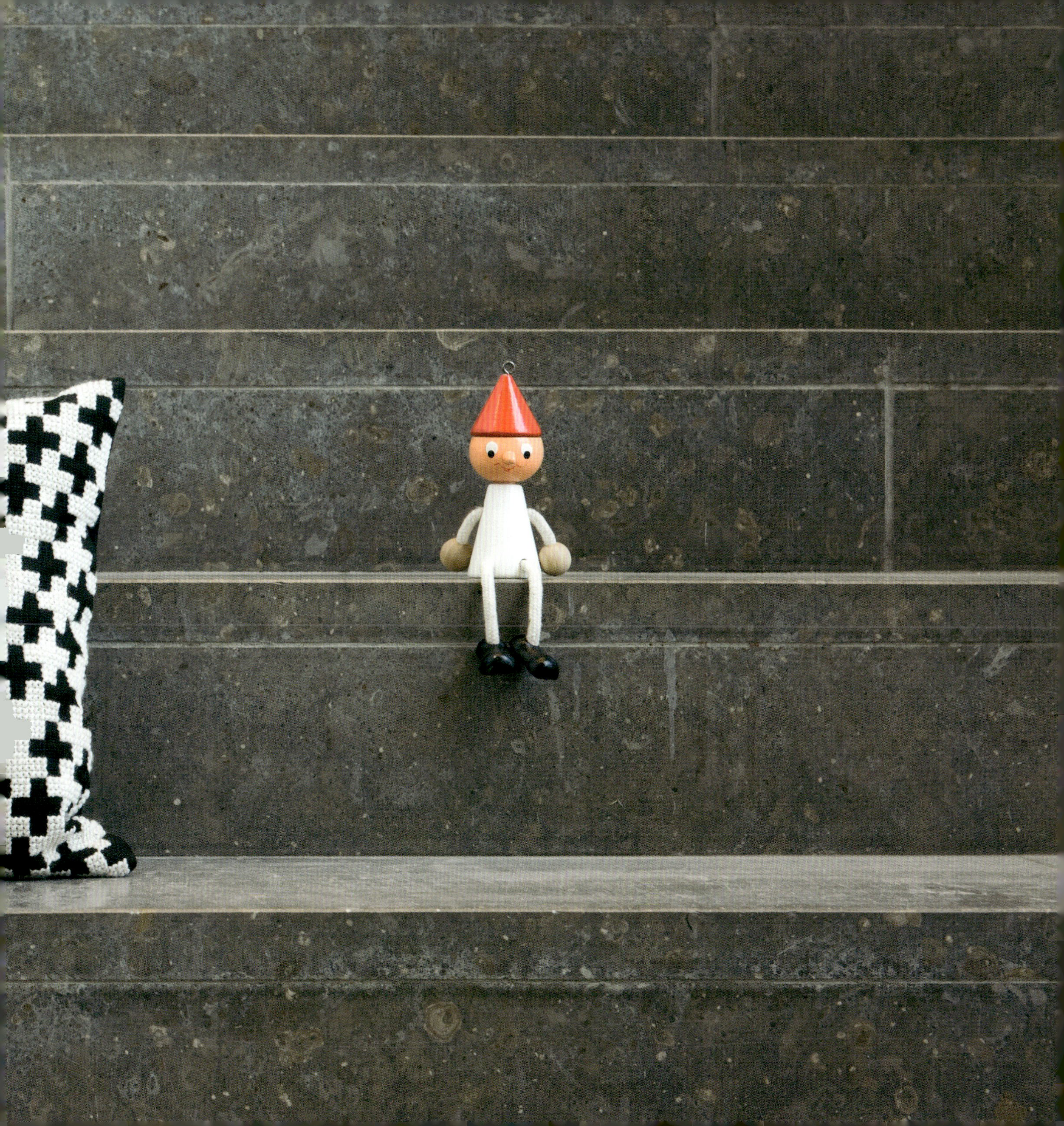

## Kreuz an Kreuz

Bei dieser Stickerei wurde nur naturweißes Garn verwendet. Der schwarze Farbton kommt vom Stoff, der an den freien Stellen das Muster zusammen mit den hellen Kreuzen bildet. Jeder Kreuzstich läuft über vier Löcher im Gewebe, statt über eins.
Maße: 60 x 34 cm (ohne Nahtzugabe).

**Material:** Aida-Stoff (5,4 Loch/cm) in Schwarz, Wollgarn in Naturweiß sowie Nadel und Schere.

- Unten links am Stoff beginnen, aber 4 cm Nahtzugabe frei lassen.
- Zuerst die Reihe mit drei Kreuzstichen sticken. Drei halbe Kreuzstiche von unten nach oben sticken. Wenden und zurück die ganzen Kreuzstiche arbeiten. Zwei weitere Reihen auf die gleiche Weise sticken.
- Zur ersten Reihe wechseln, drei Löcher nach oben abzählen und neun halbe Kreuzstiche von unten nach oben arbeiten. Wenden und zurück die ganzen Kreuzstiche arbeiten. Zwei weitere Reihen auf die gleiche Weise sticken.
- Danach drei Kreuzstiche in drei Reihen genauso wie zuvor arbeiten. Dann ist ein Kreuz fertig. Das nächste Kreuz am besten schräg rechts darunter machen.
- So weitersticken, bis das Muster den gesamten Stoff (bis auf die Nahtzugabe) bedeckt. Manche Kreuze sind am Rand nicht vollständig, das Muster wirkt aber insgesamt komplett.

Achten Sie beim Reihenwechsel darauf, dass die Stiche immer in dieselbe Richtung weisen (siehe Tipp auf Seite 32).

Wie das Kissen genäht wird, finden Sie auf Seite 45.

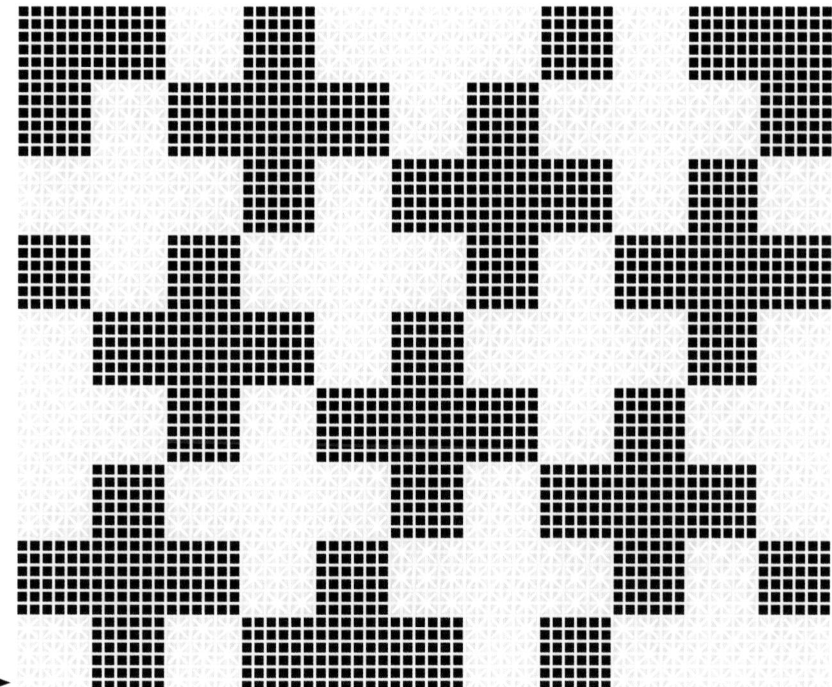

Das Kissen finden Sie auf der vorherigen Doppelseite.

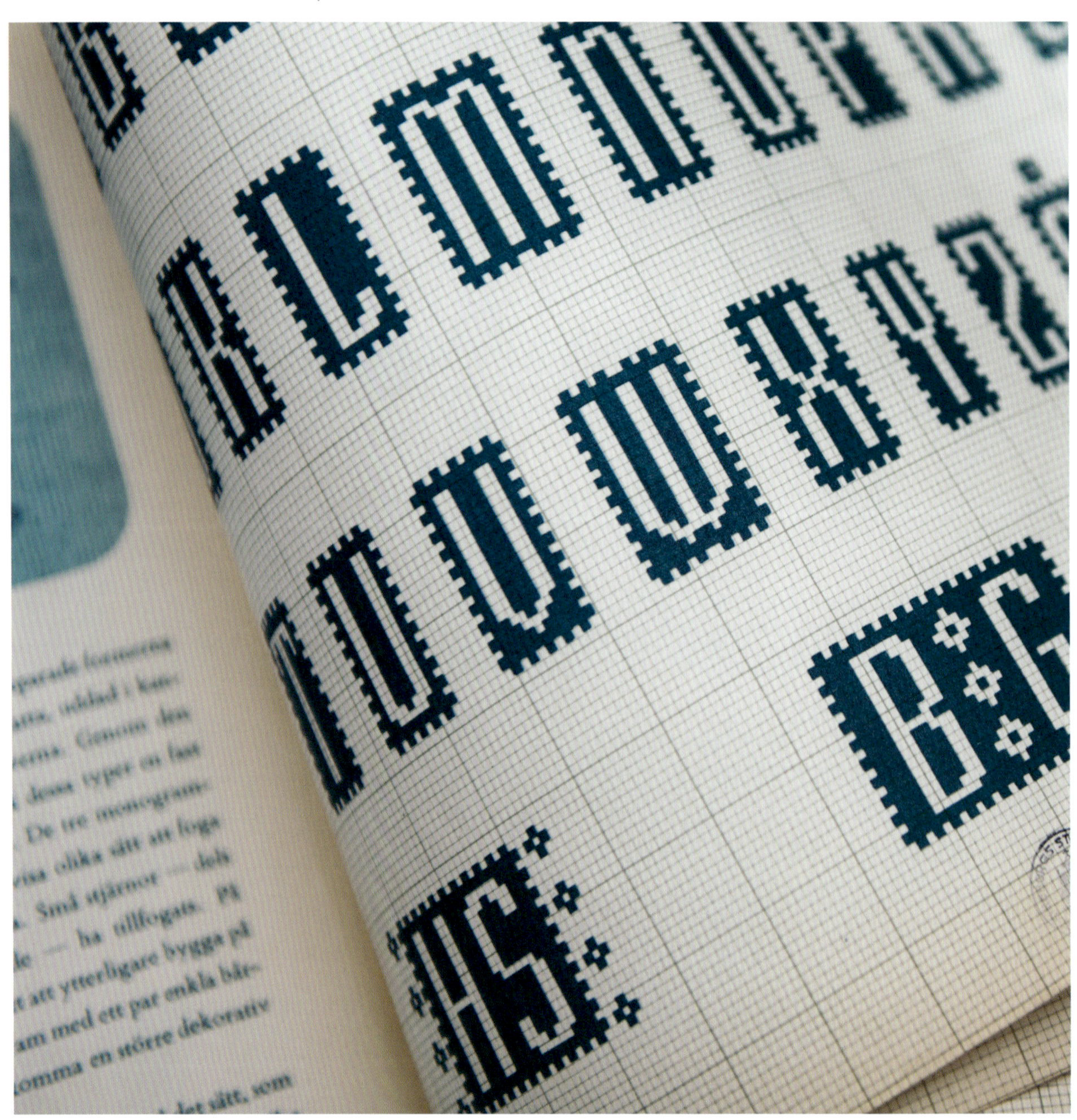

# BUCHSTABEN UND ZIFFERN

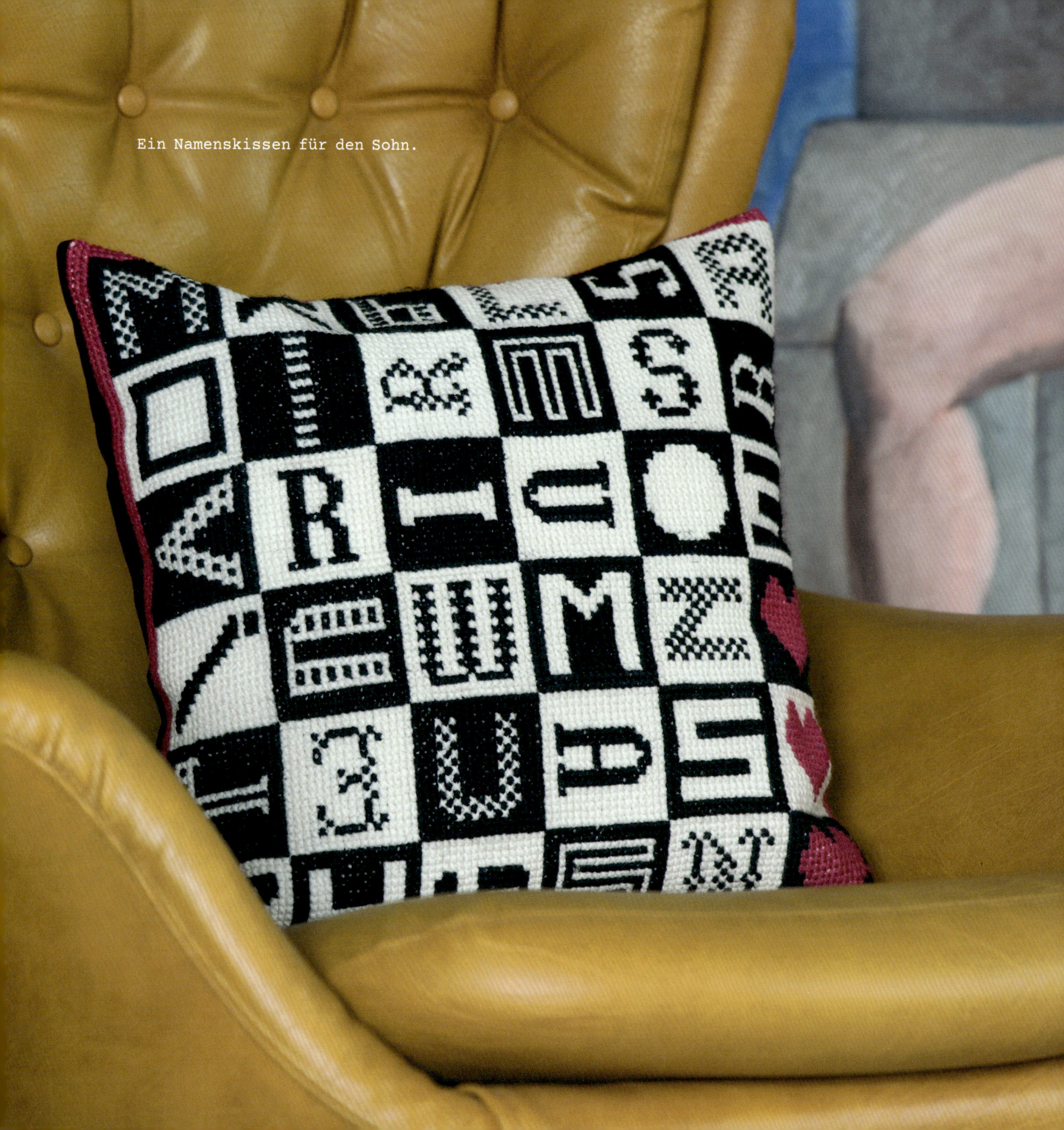

Ein Namenskissen für den Sohn.

## Mit Garn und Nadel schreiben

Schöne Stickereien mit wohlgewählten Worten waren in früheren Zeiten ein beliebter Wandschmuck. Der Wunsch nach mehr Individualität und Einzigartigkeit liegt heute im Trend. Warum nicht ein Mantra, Ihre Glückszahl, ein Filmzitat, eine Liedzeile oder den Namen eines geliebten Menschen sticken?

Man kann den Hintergrund frei lassen oder mit Stichen bedecken. Einfarbig oder gemustert, völlig verrückt oder schlicht und einfach. Im Internet und in alten Musterbüchern lassen sich fantastische Buchstaben-Typen finden, die man sticken kann. Lassen Sie sich inspirieren!

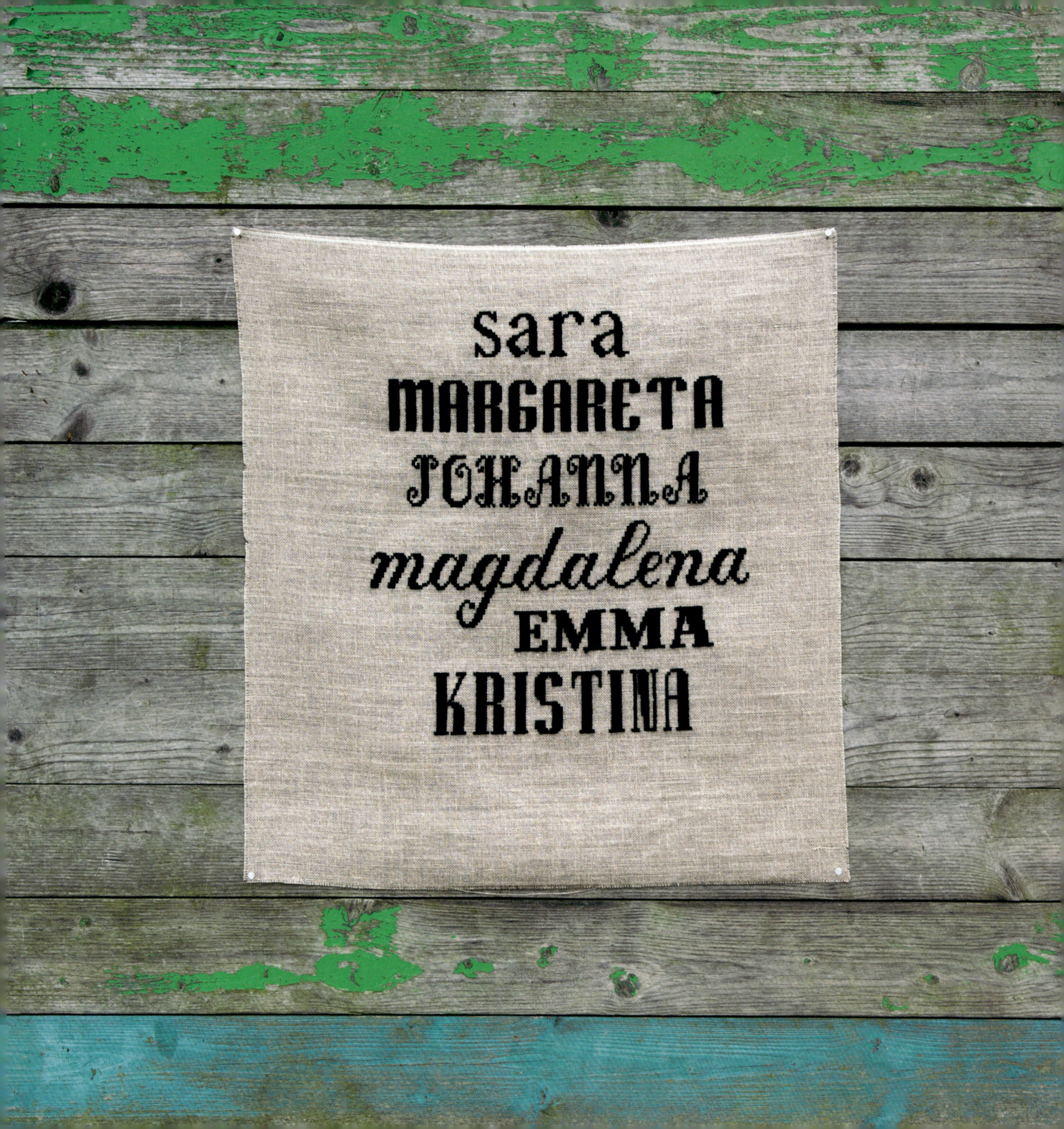

sara
MARGARETA
JOHANNA
magdalena
EMMA
KRISTINA

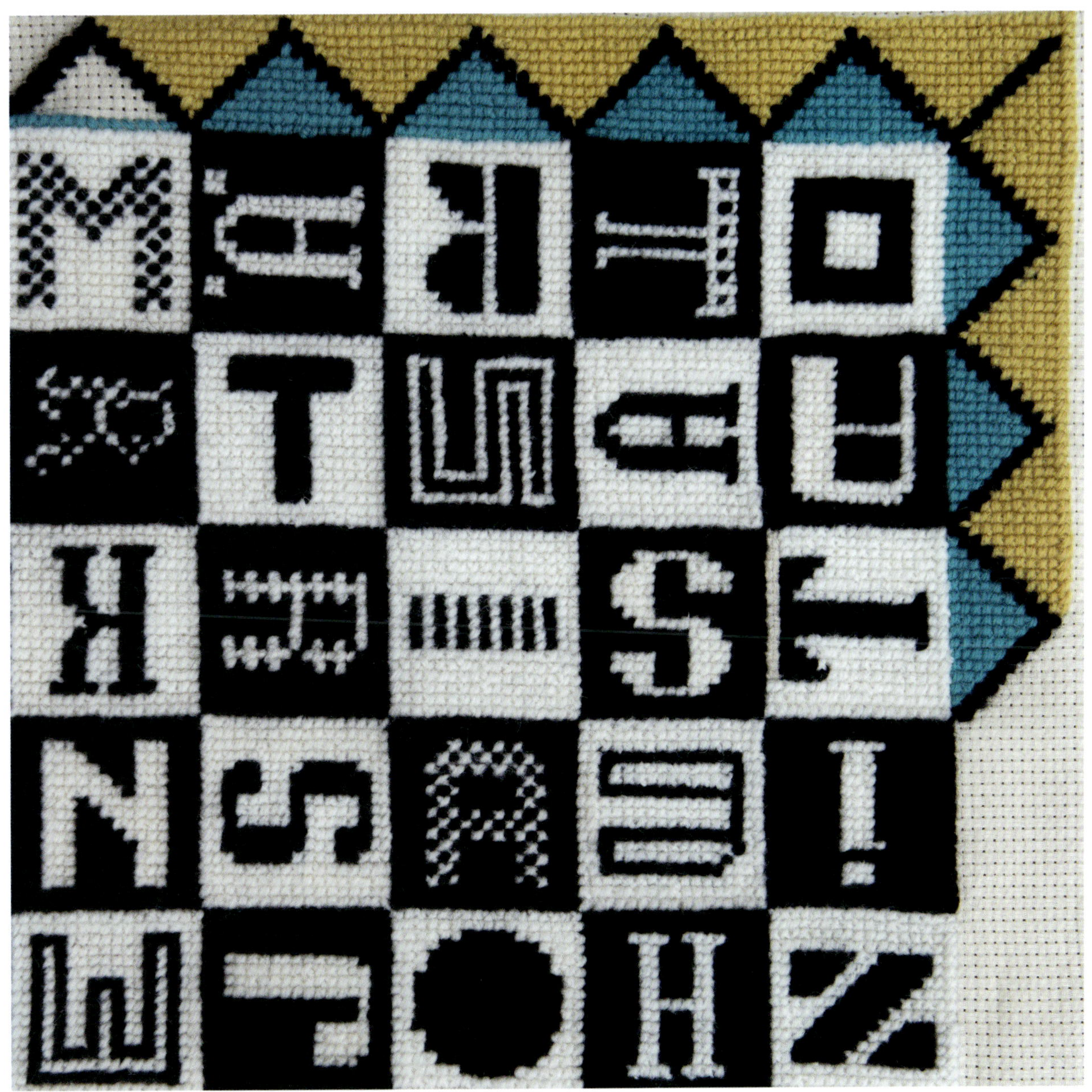

Hier entsteht das Namenskissen für die Tochter.

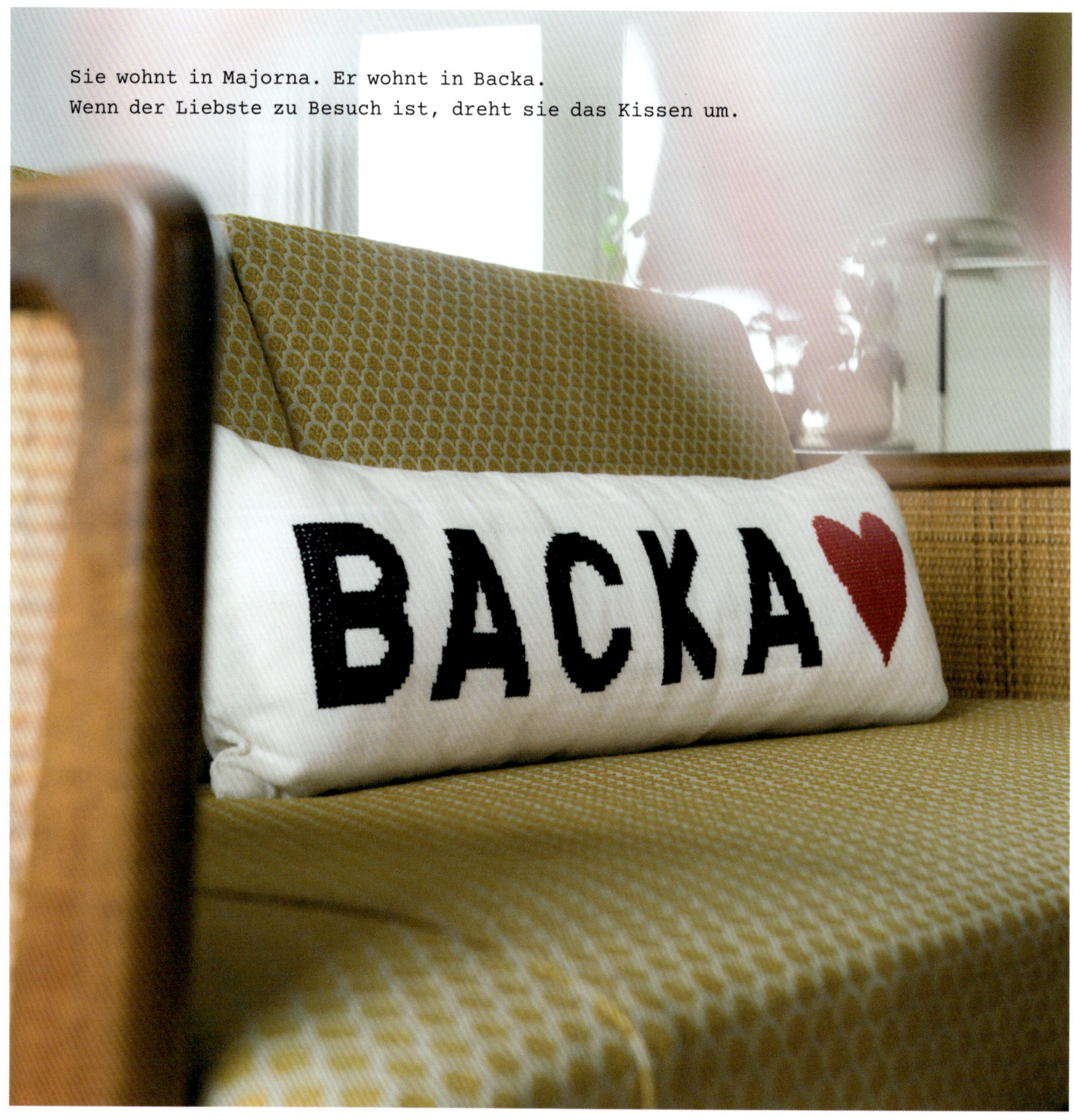


Sie wohnt in Majorna. Er wohnt in Backa.
Wenn der Liebste zu Besuch ist, dreht sie das Kissen um.

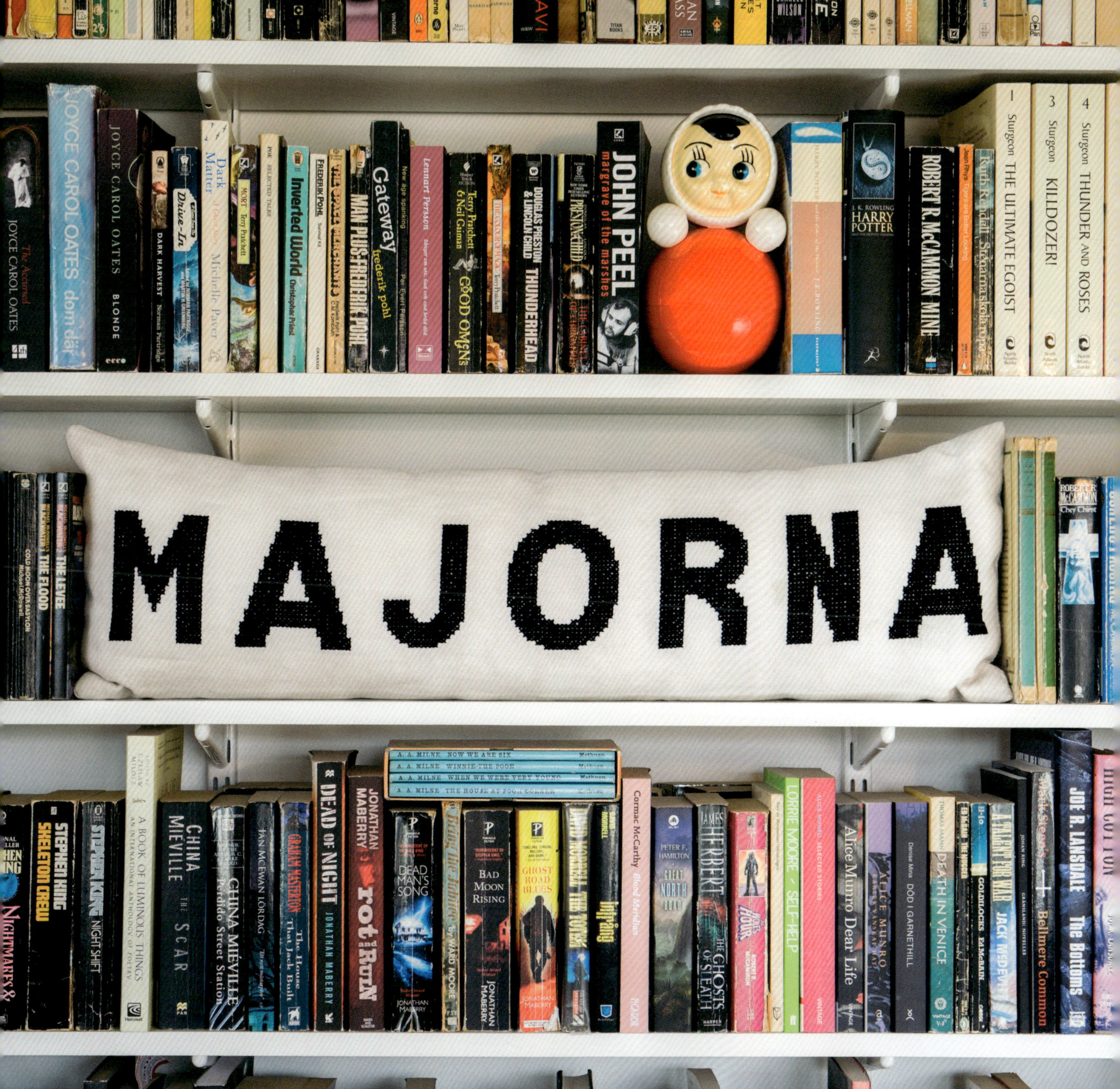
MAJORNA

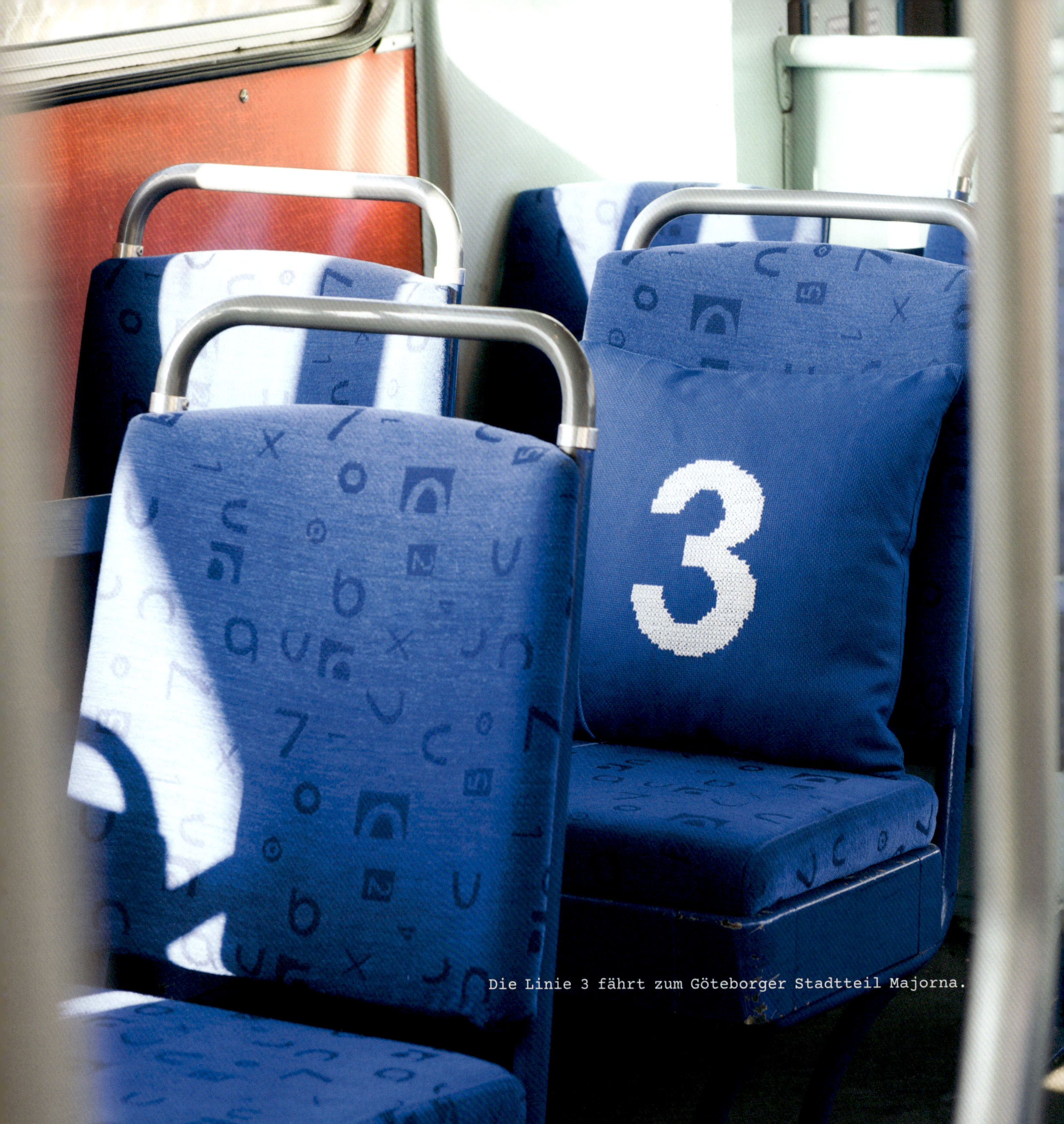

Die Linie 3 fährt zum Göteborger Stadtteil Majorna.

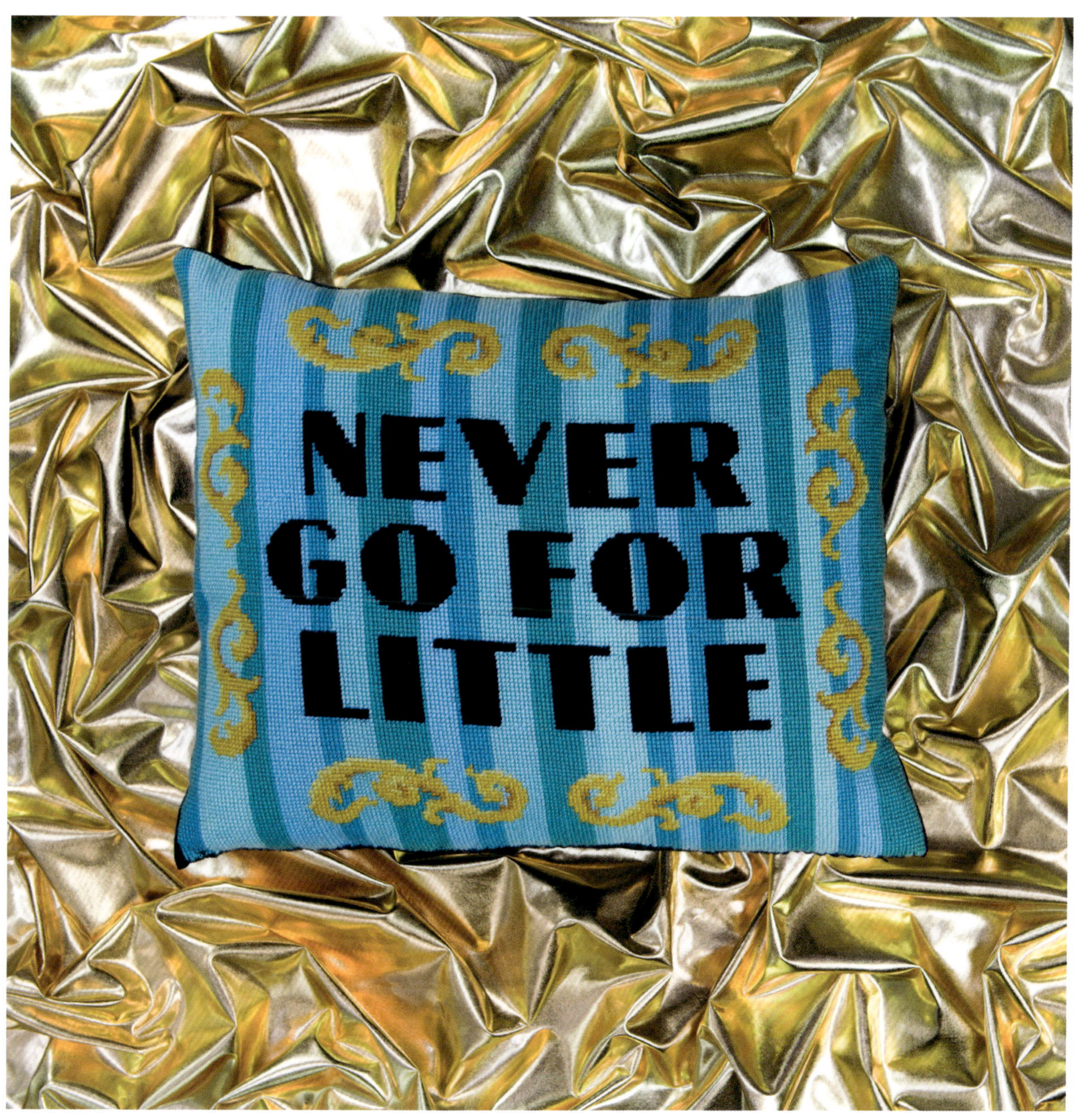
NEVER
GO FOR
LITTLE

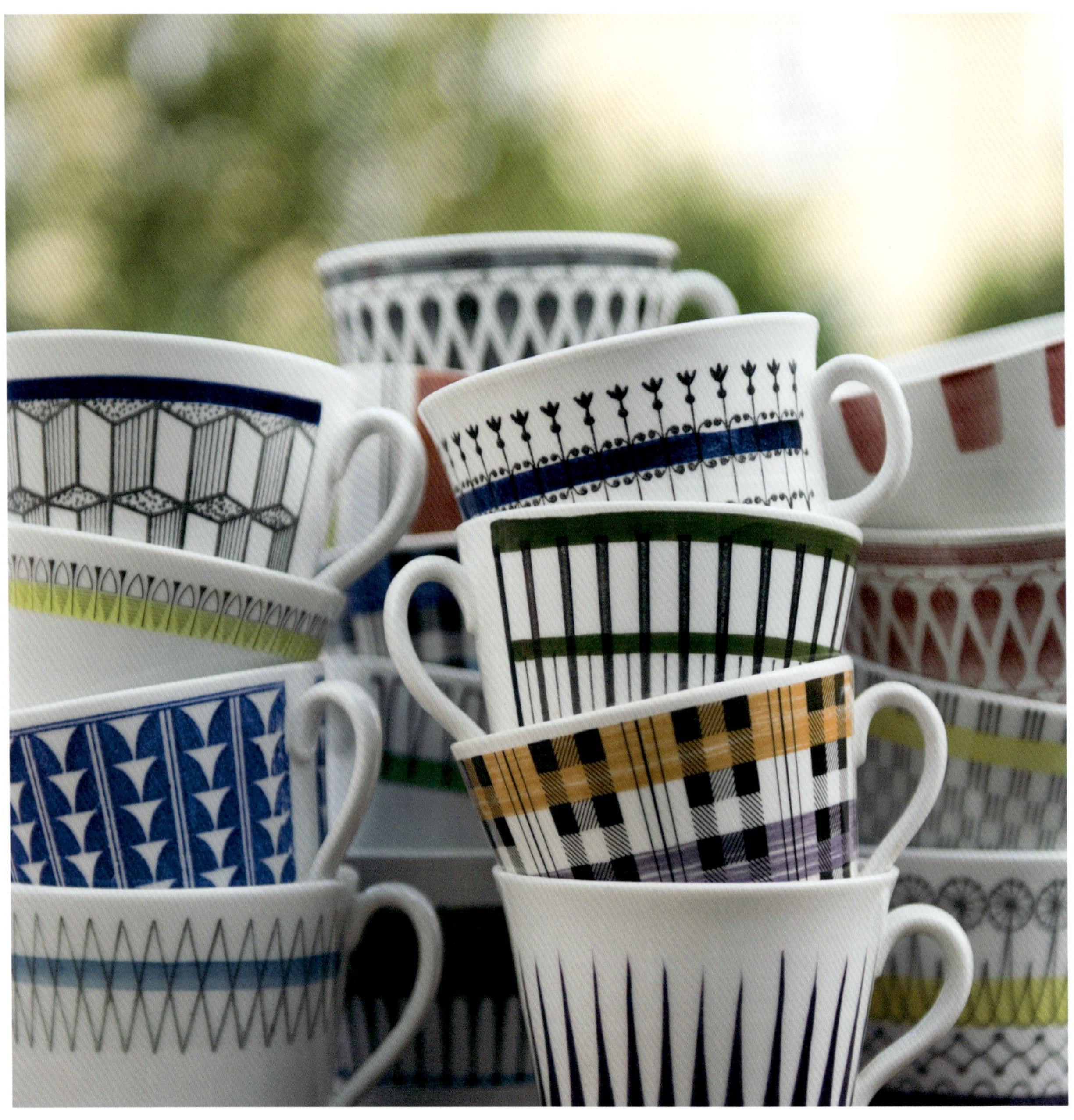

# BEKANNTE MOTIVE STICKEN

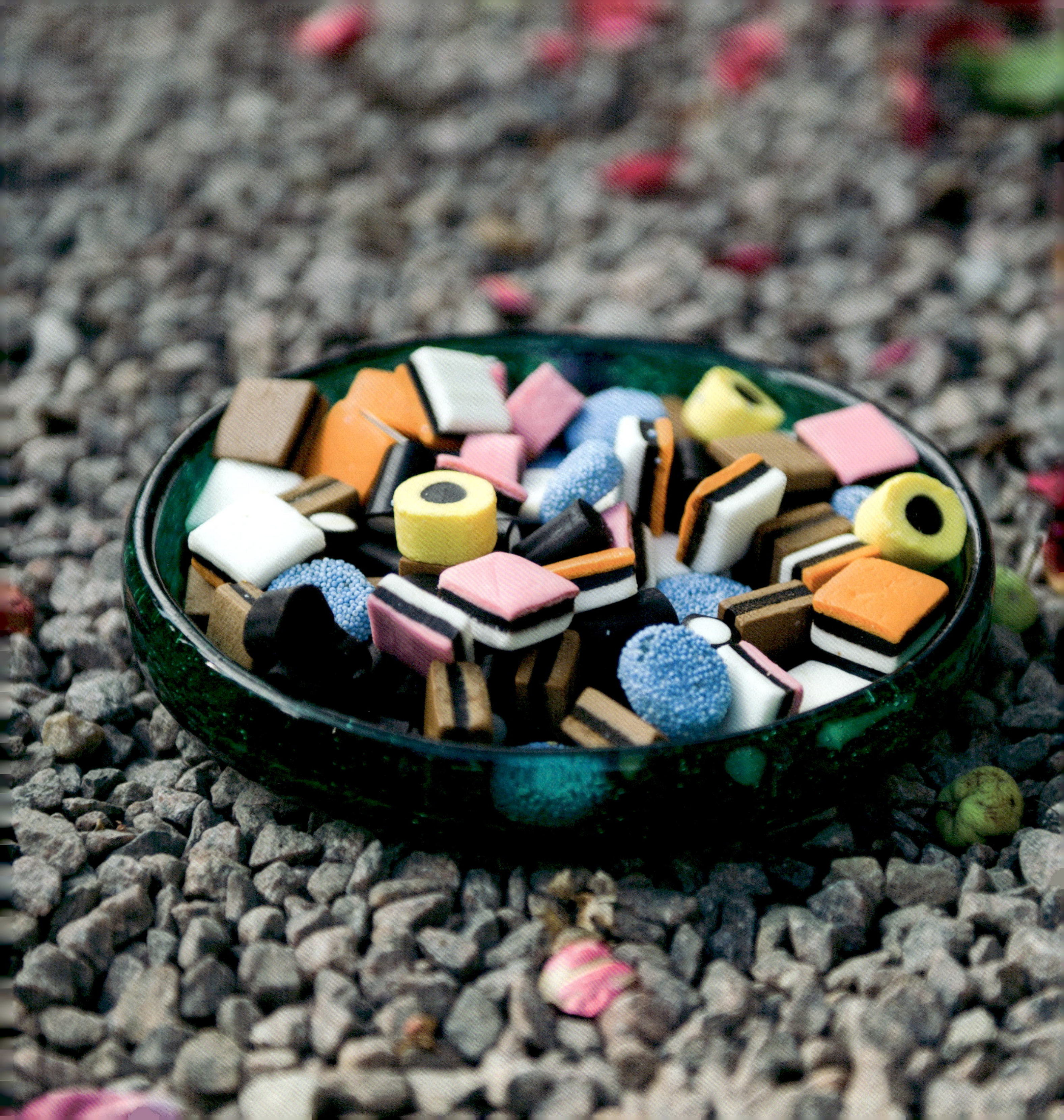

## Das haben wir schon mal gesehen!

Bestimmte Sachen und Vorkommnisse kennen wir alle - als wäre es ein kollektives Erlebnis oder eine gemeinsame Erfahrung. Ein Teil davon ist mit unserer Kindheit verknüpft, auf andere Sachen stoßen wir in unserem Alltag. Wir ertappen uns dabei, wie wir schmunzeln, wenn wir sie sehen, vor allem, wenn sie in unerwarteten Kombinationen auftauchen.

## Ei saa peittää!

„Nicht abdecken!“ Diesen Satz auf Finnisch kennen komischerweise die meisten Schweden. Viele erinnern sich an die Elektroheizkörper auf der Toilette, bei denen dieser Hinweis auf einem Klebeetikett stand. Wenn man heutzutage auf dem stillen Örtchen sitzt, wird oft das Handy gezückt, statt blind auf den Text „ei saa peittää“ zu starren.

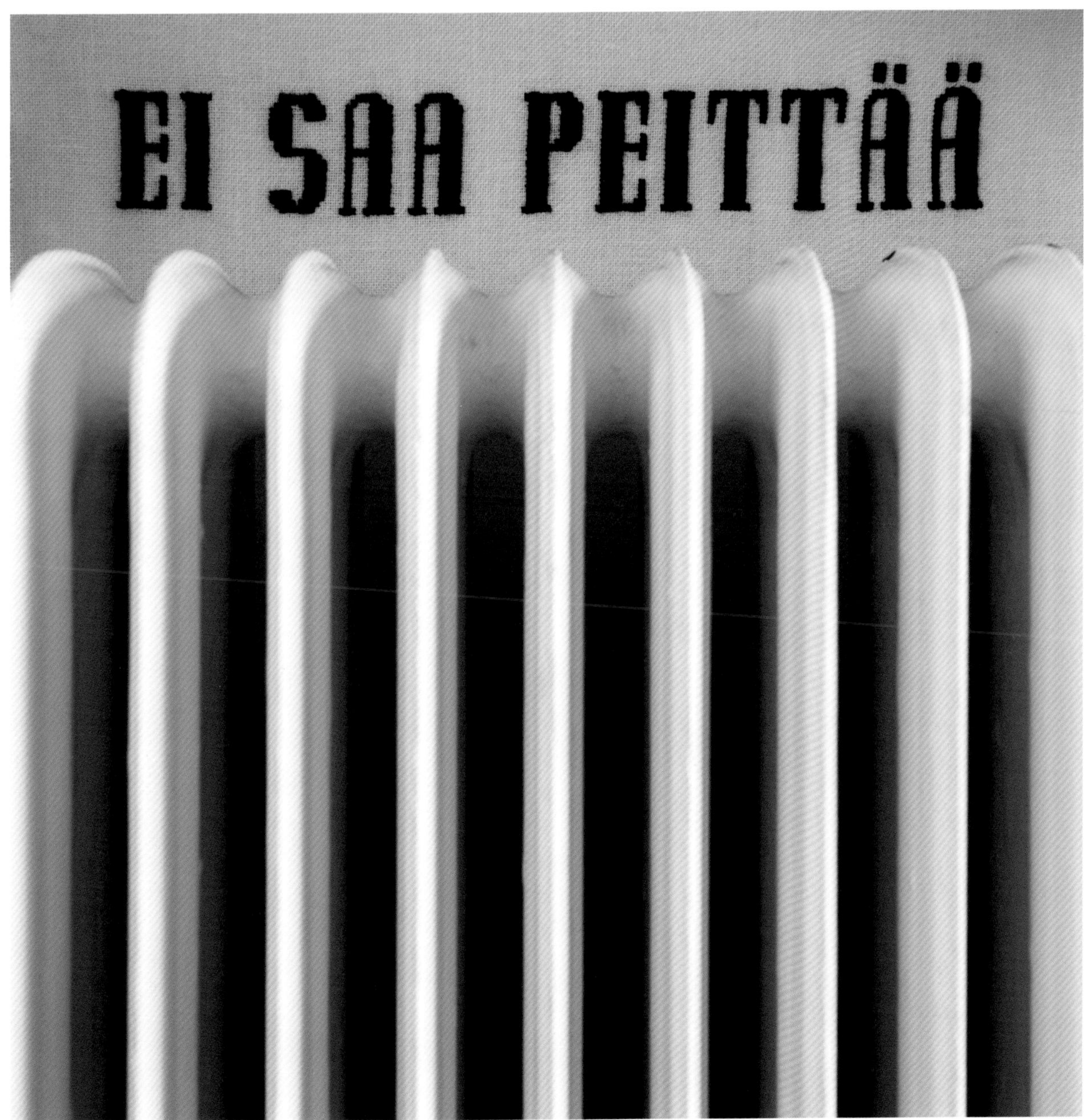
EI SAA PEITTÄÄ

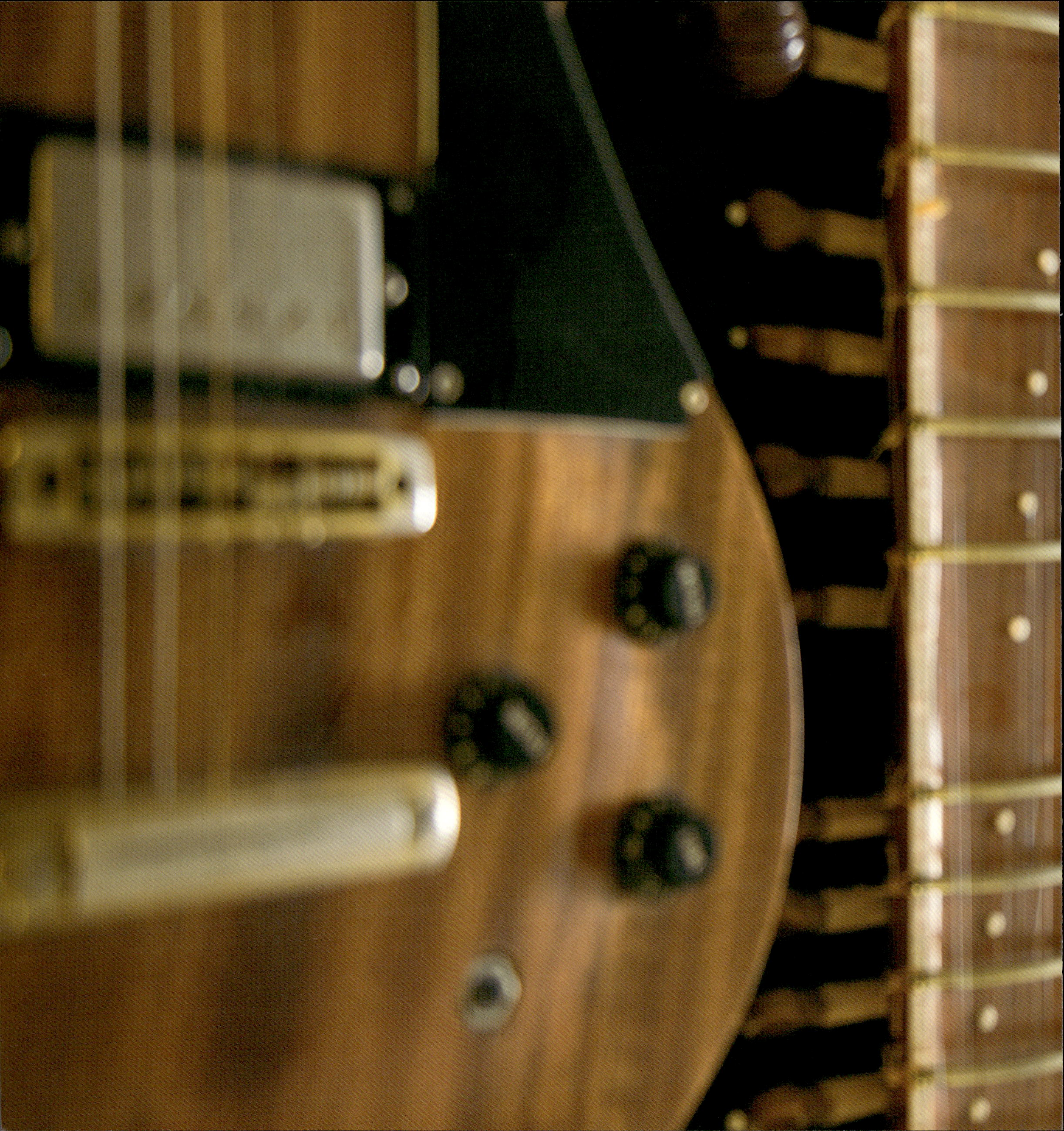

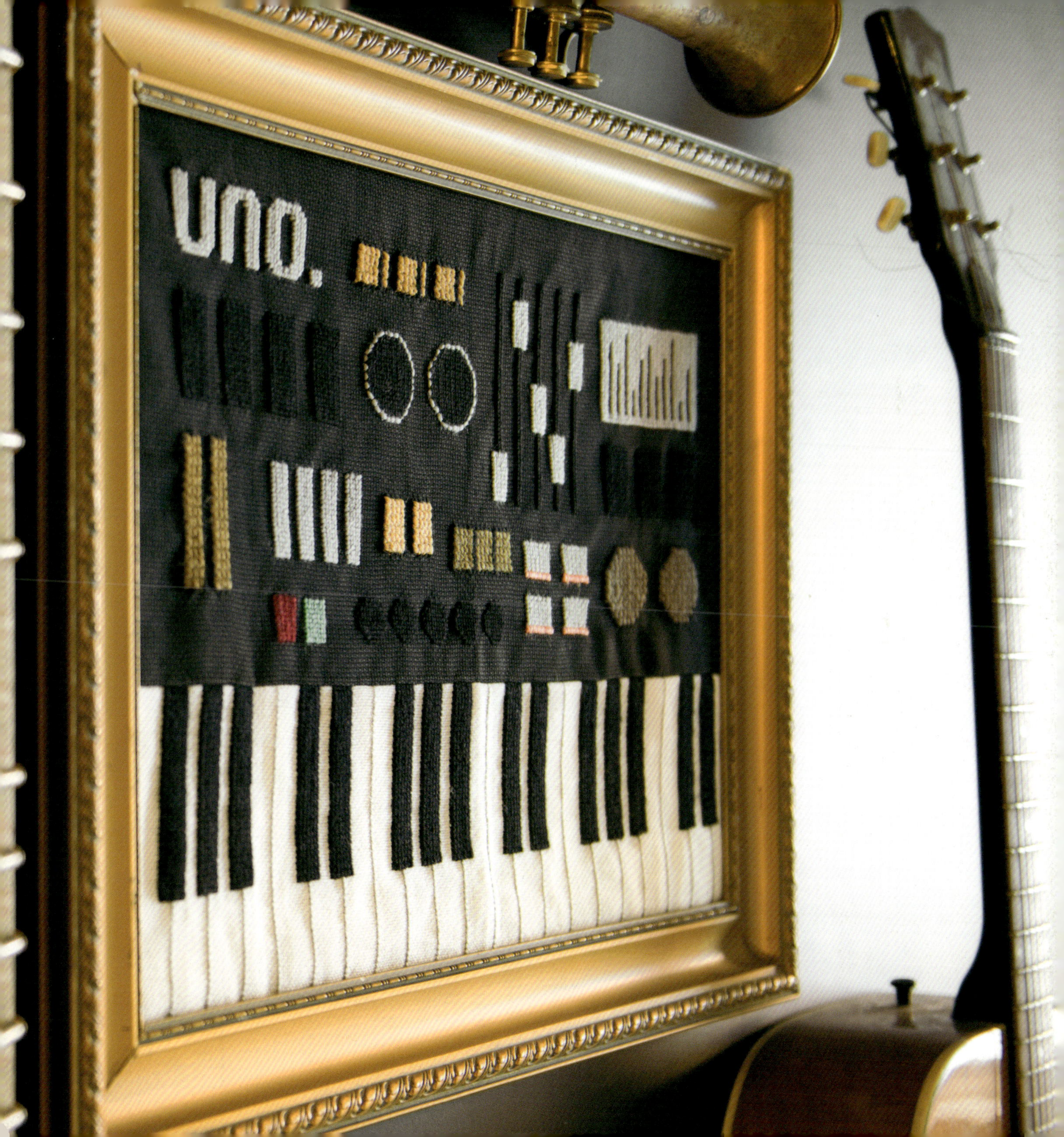
UNO.

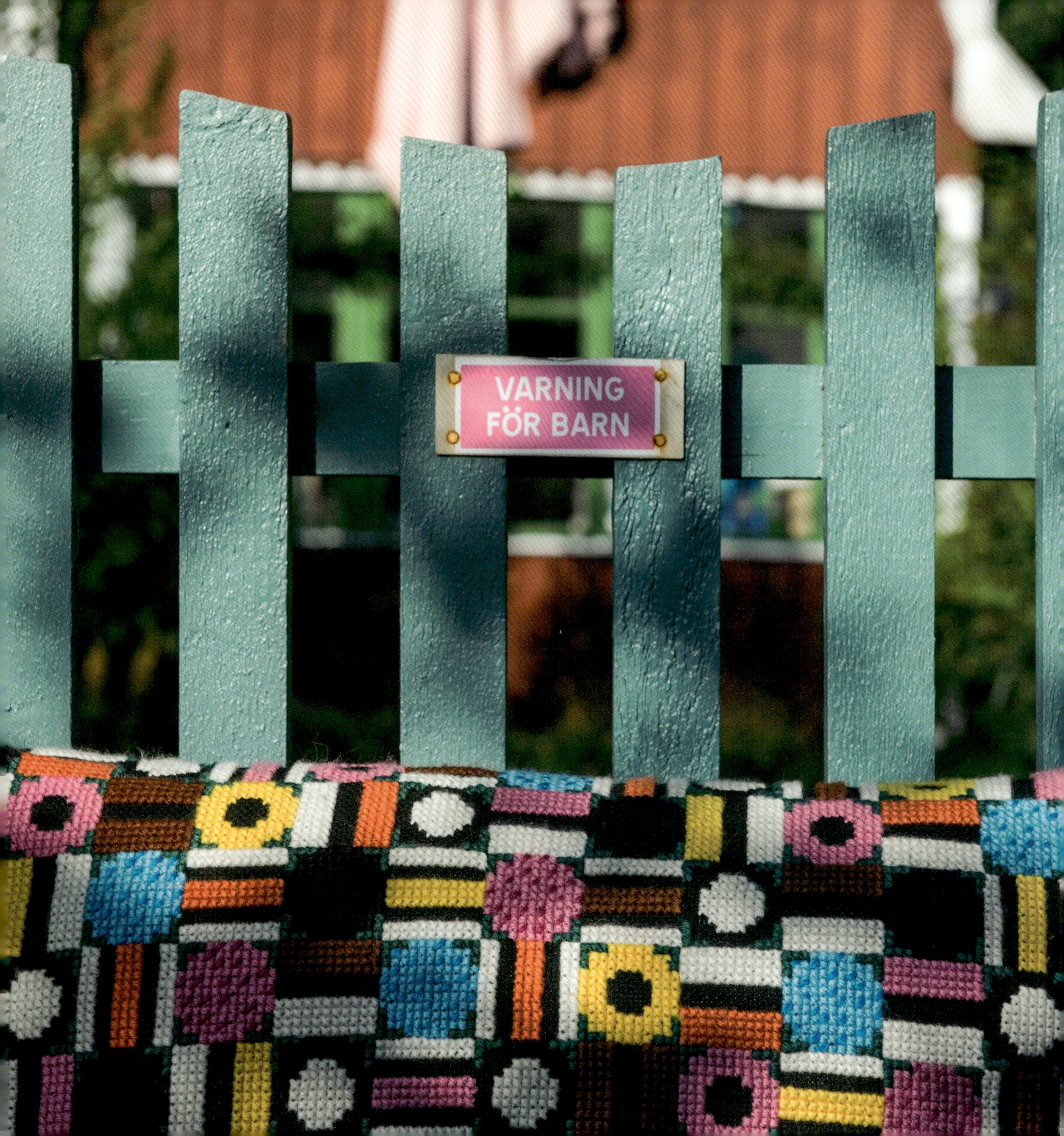
VARNING
FÖR BARN

## Color-Rado zum Angucken

Es gibt so viele Sorten von Süßigkeiten und wohlbekannte Formen, die sich leicht in ein Stickmuster „übersetzen" lassen. Indem man dasselbe Muster wiederholt, entsteht ein grafischer Ausdruck. Warum nicht mal etwas wie die Symbole einer Spielkarte, das gute alte Tetris oder die bunten Streifen einer Zuckerstange sticken?

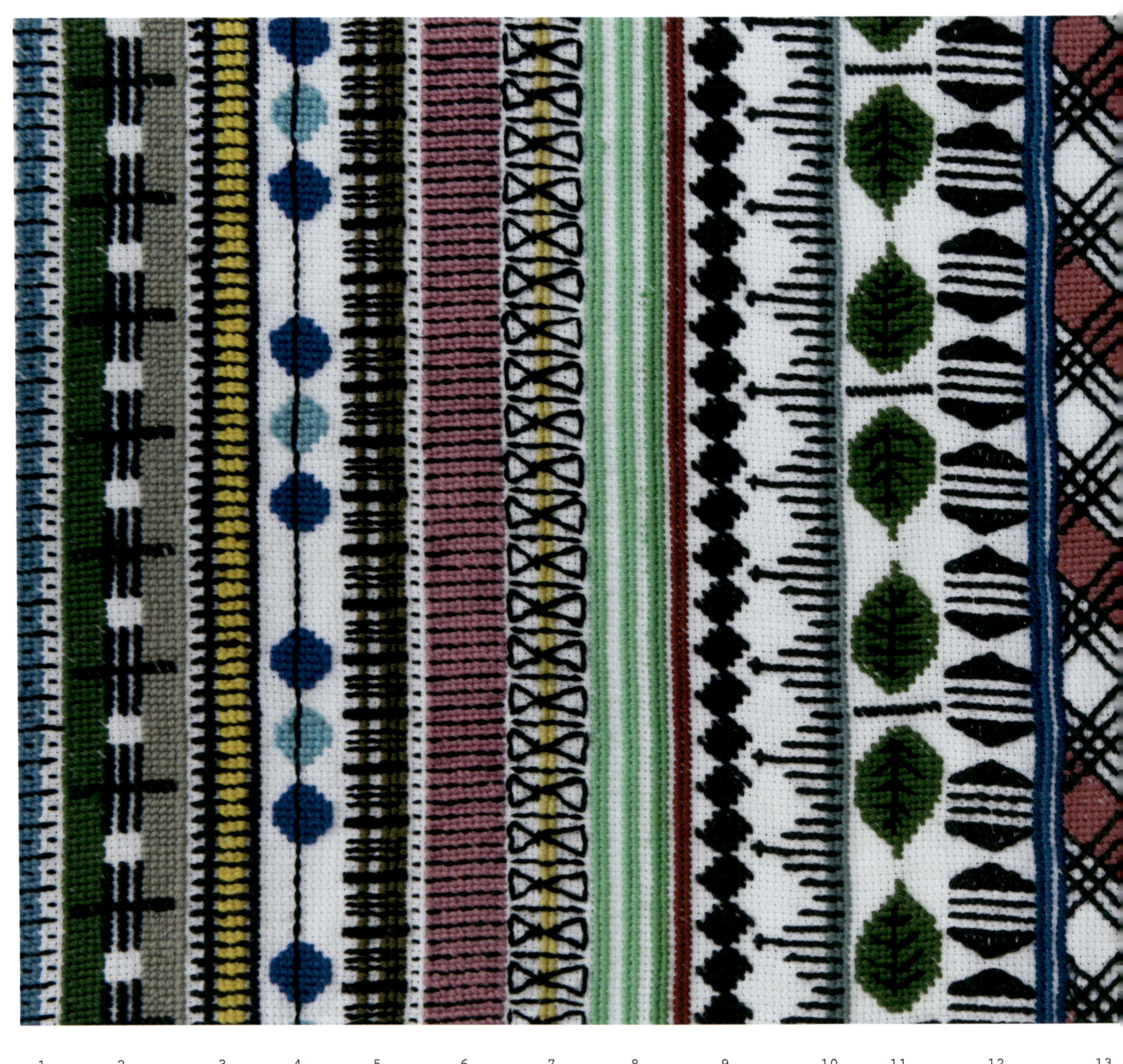

1 2 3 4 5 6 7 8 9 10 11 12 13

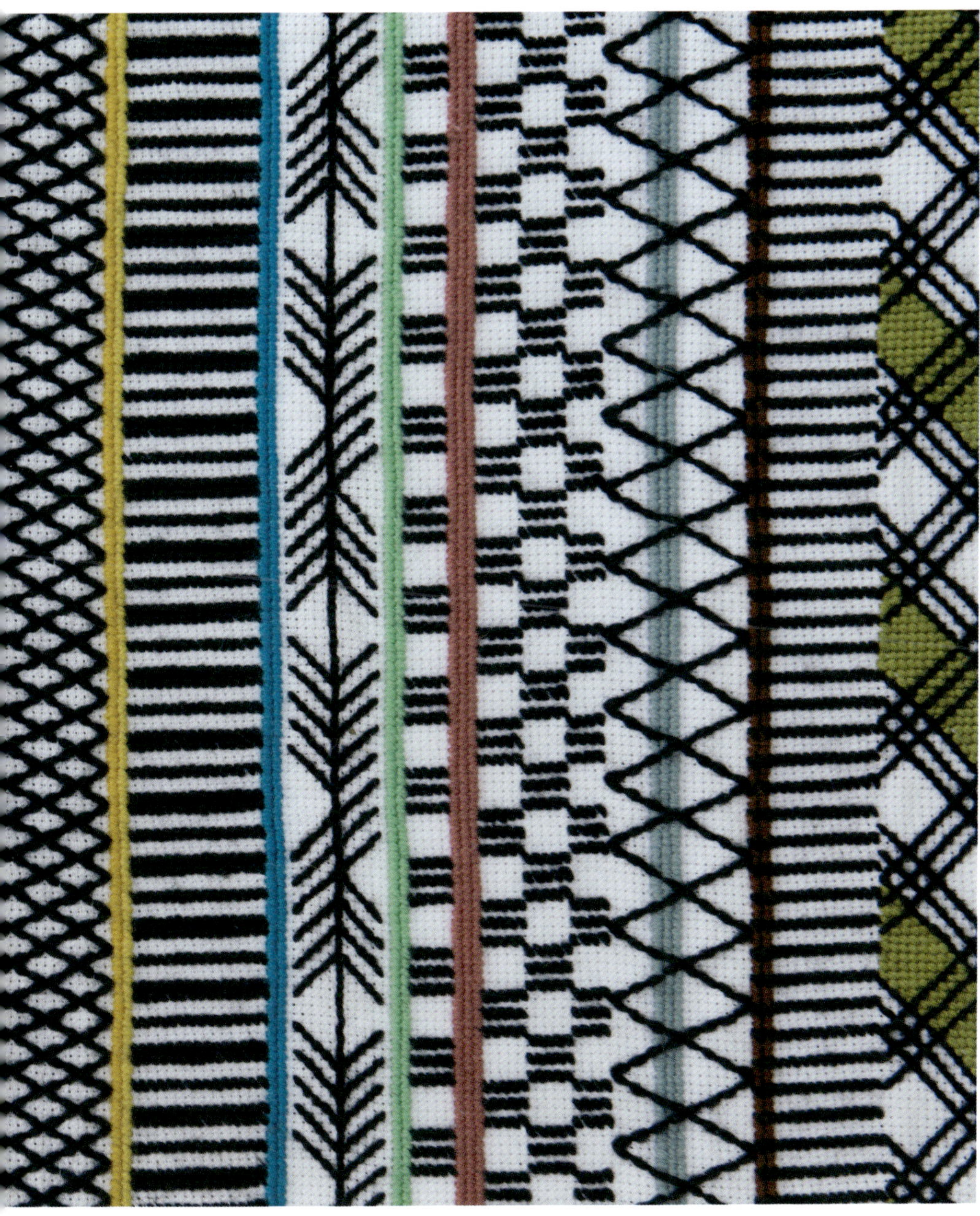

14 15 16 17 18 19 20

Von links nach rechts:

1 Sture, Rörstrand, unbekannter Designer
2 Kanton, Gefle UE, Berit Ternell
3 Gulli, Gefle UE, Helmer Ringström
4 Pastill, Gustavsberg, Britt-Louise Sundell
5 Sparta, Gefle UE, Helmer Ringström
6 Lido, Gefle UE, Kjell Blomberg
7 Kryss, Gefle UE, Helmer Ringström
8 Grön Rand, Gustavsberg, Wilhelm Kåge
9 Red Top, Rörstrand, Marianne Westman
10 Teve, Gefle UE, Helmer Ringström
11 Berså, Gustavsberg, Stig Lindberg
12 Atos, Gefle UE, Helmer Ringström
13 Ruter Röd, Gefle UE, Helmer Ringström
14 Kreol, Gefle UE, Helmer Ringström
15 Vera, Gefle UE, Helmer Ringström
16 Rio, Rörstrand, unbekannter Designer
17 Gavott, Gefle UE, Helmer Ringström
18 Terrass, Gefle UE, Helmer Ringström
19 Spisa Ribb, Gustavsberg, Stig Lindberg
20 Ruter Grön, Gefle UE, Helmer Ringström

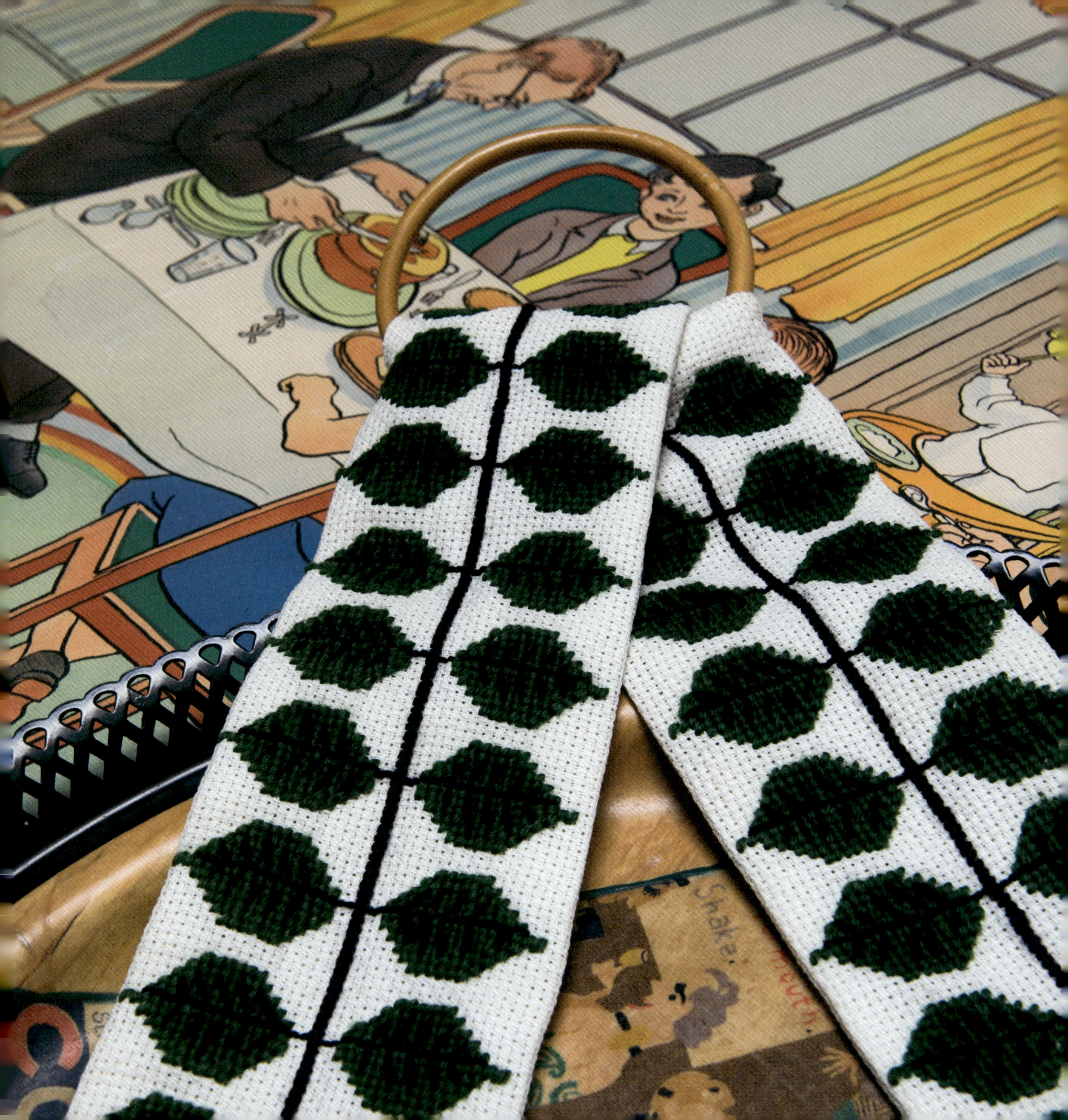
Shake.

## Stig Lindberg (1916-1982)

Erfinderisch, ein Tausendsassa, ein Modernist, der das Elegante mit dem Praktischen kombiniert. So wird der schwedische Designer berühmter Muster wie Spisa Ribb, Prunus und Berså beschrieben. Seine Formensprache war nicht ganz skandinavisch kühl und streng, sondern eher verspielt, bunt und humorvoll.

Er war sowohl als künstlerischer Leiter der Porzellanfabrik Gustavsberg als auch als Dozent an der Stockholmer Kunsthochschule „Konstfack“ tätig. Viele der von ihm entworfenen Gegenstände sind heute heißbegehrte Designklassiker auf Auktionen und Sammlermessen.

Stig Lindberg ist nur einer der vielen Designer, deren Muster bis heute bekannt sind. Andere prominente schwedische Namen sind Helmer Ringström und Marianne Westman.

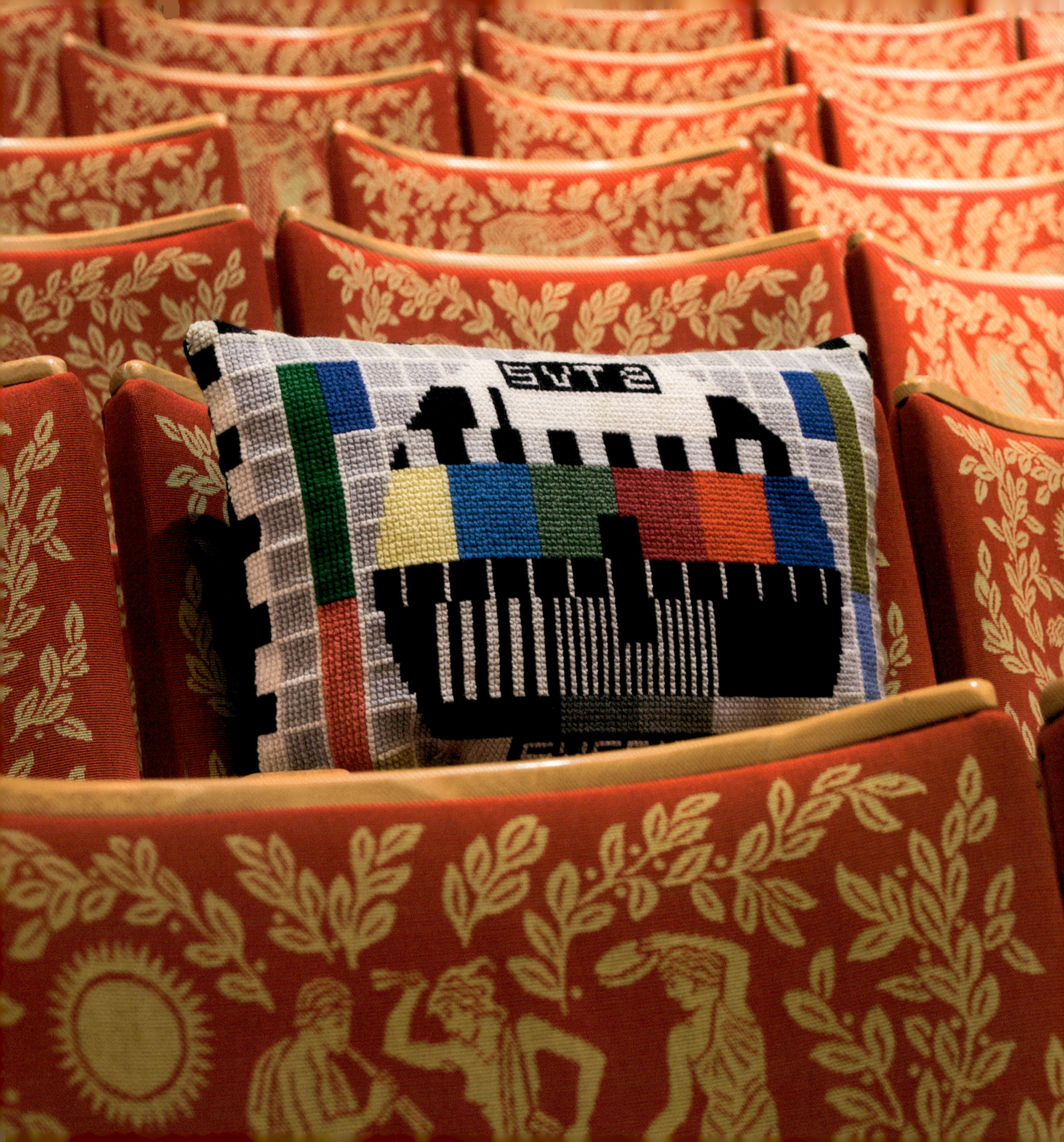
SVT2

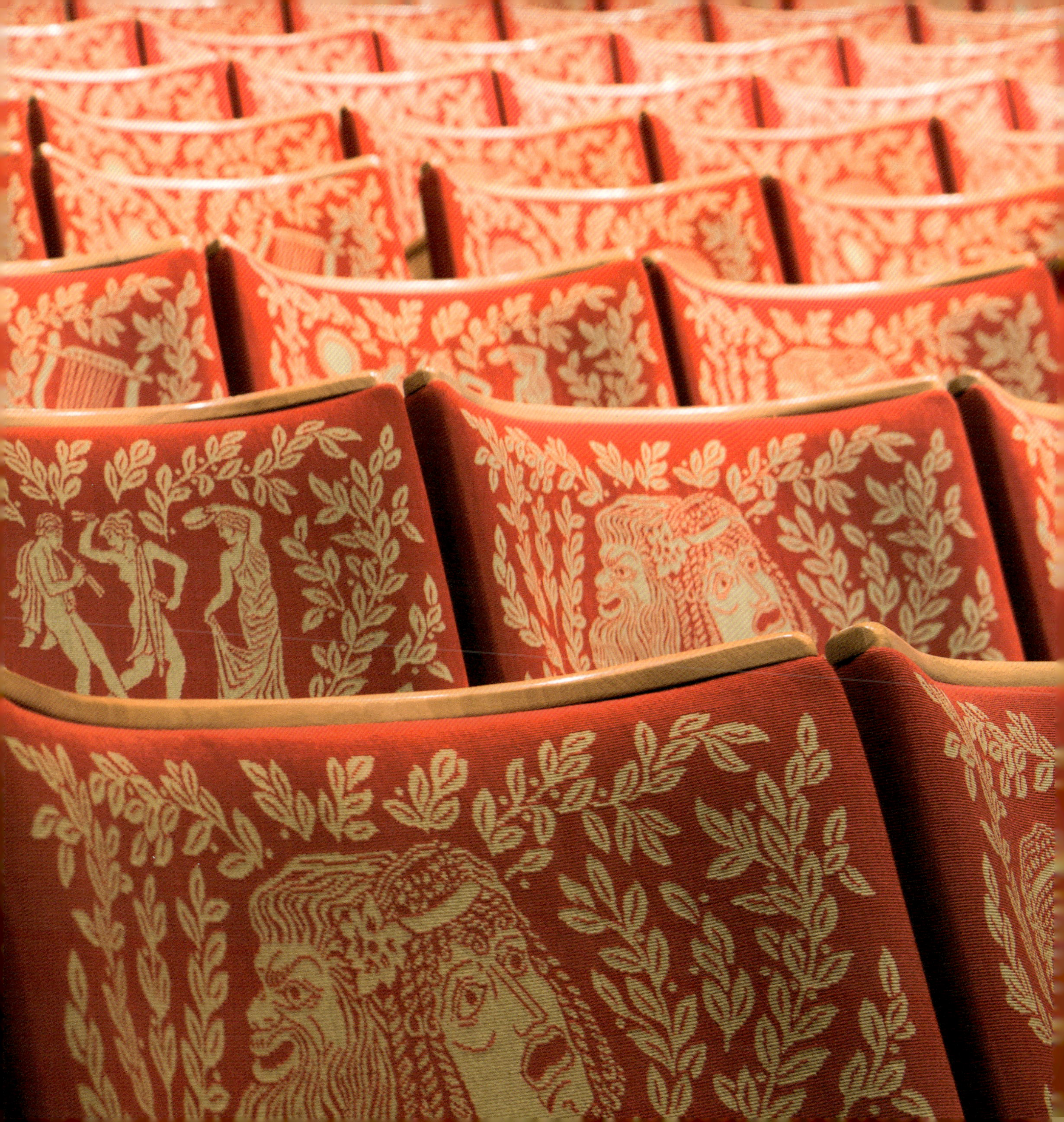

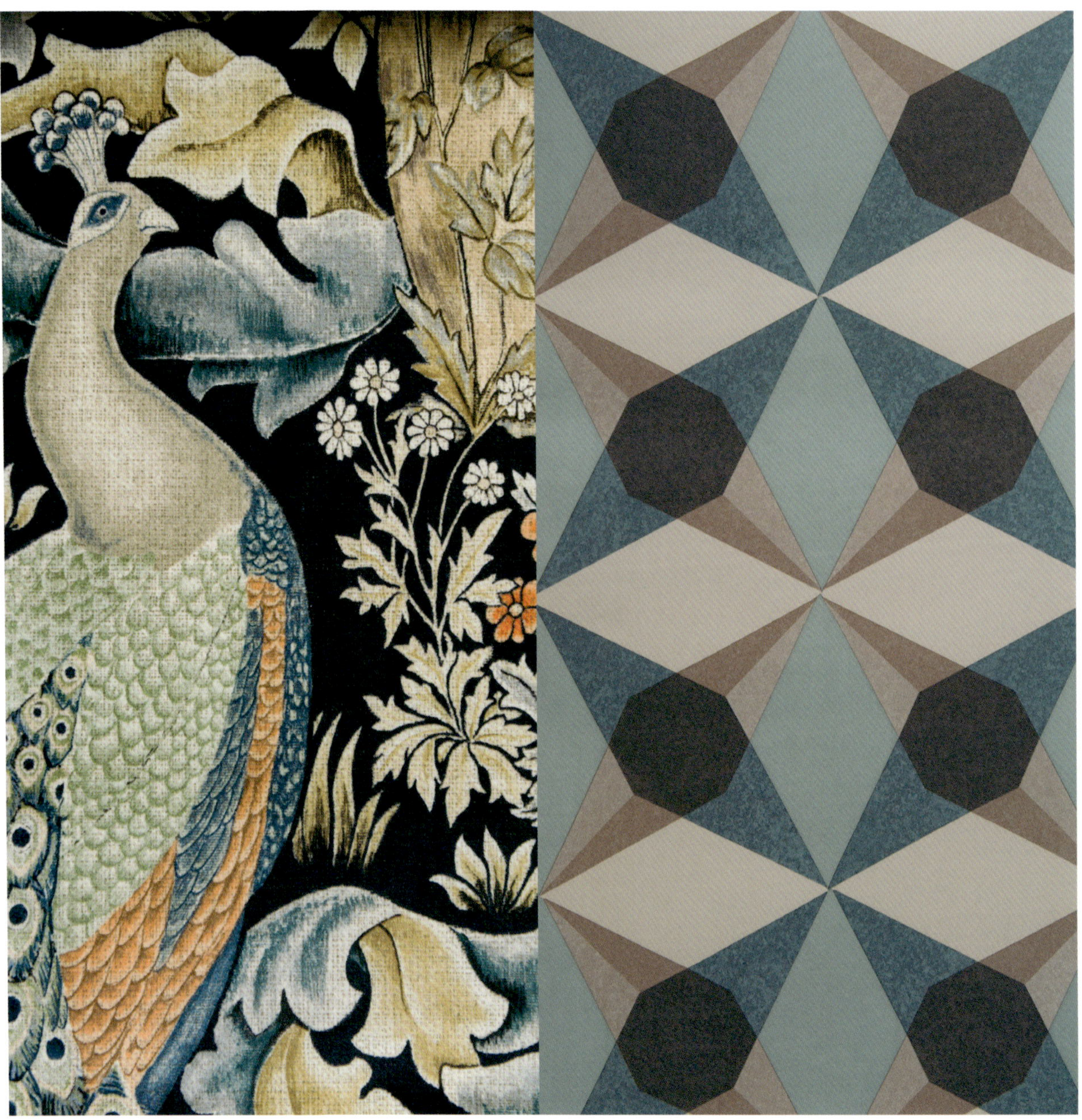

# ÜBERRASCHENDE KOMBINATIONEN

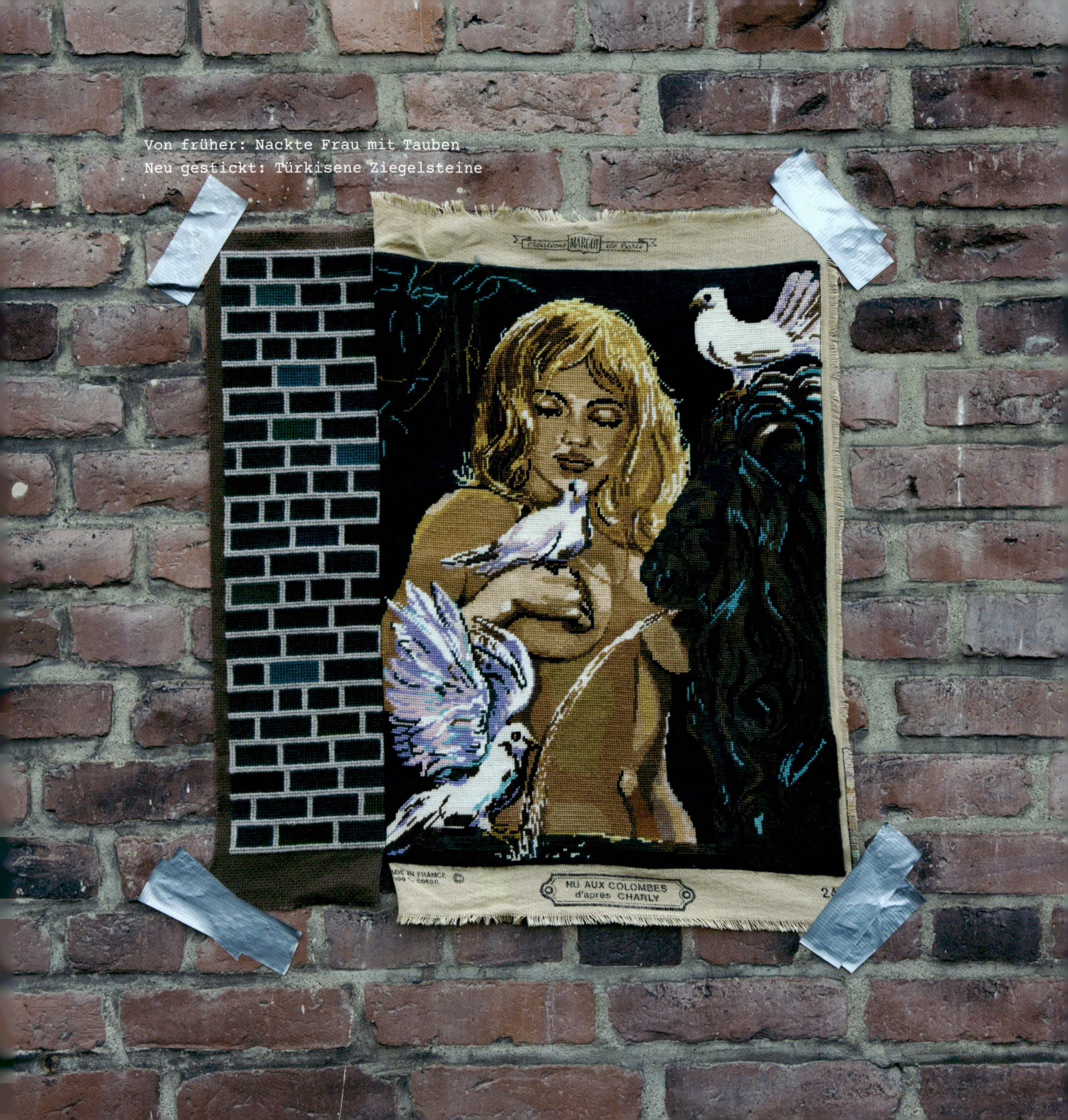


Von früher: Nackte Frau mit Tauben
Neu gestickt: Türkisene Ziegelsteine

## Spannender Stilbruch und Second Hand

Warum nicht dort weitermachen, wo ein anderer aufgehört hat – etwas hinzufügen und fertig machen? Lassen Sie Verschnörkeltes auf Grafisches treffen, Altes auf Neues. Unerwartete Kombinationen, die reizen, verwundern und inspirieren.

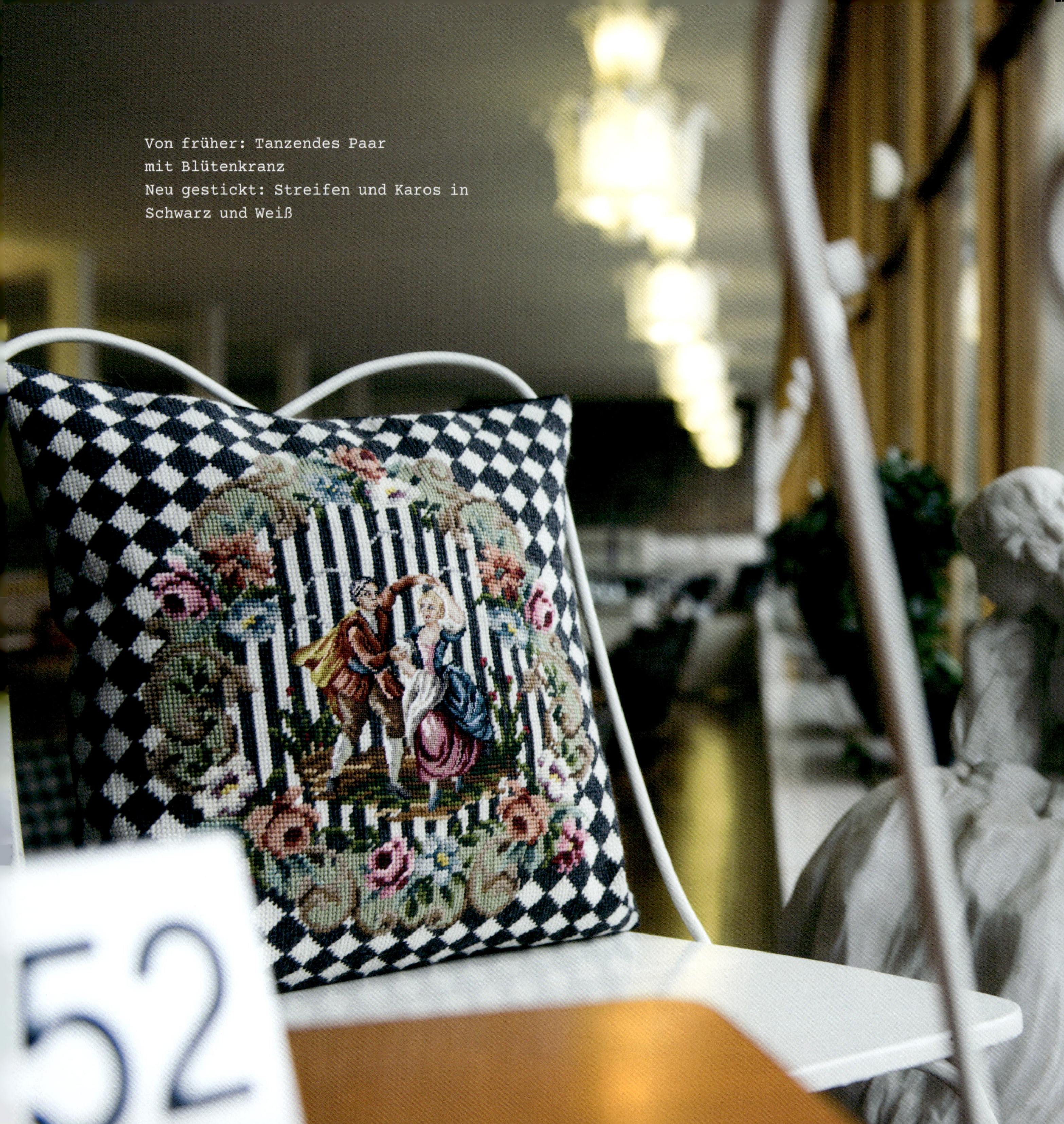


Von früher: Tanzendes Paar
mit Blütenkranz
Neu gestickt: Streifen und Karos in
Schwarz und Weiß

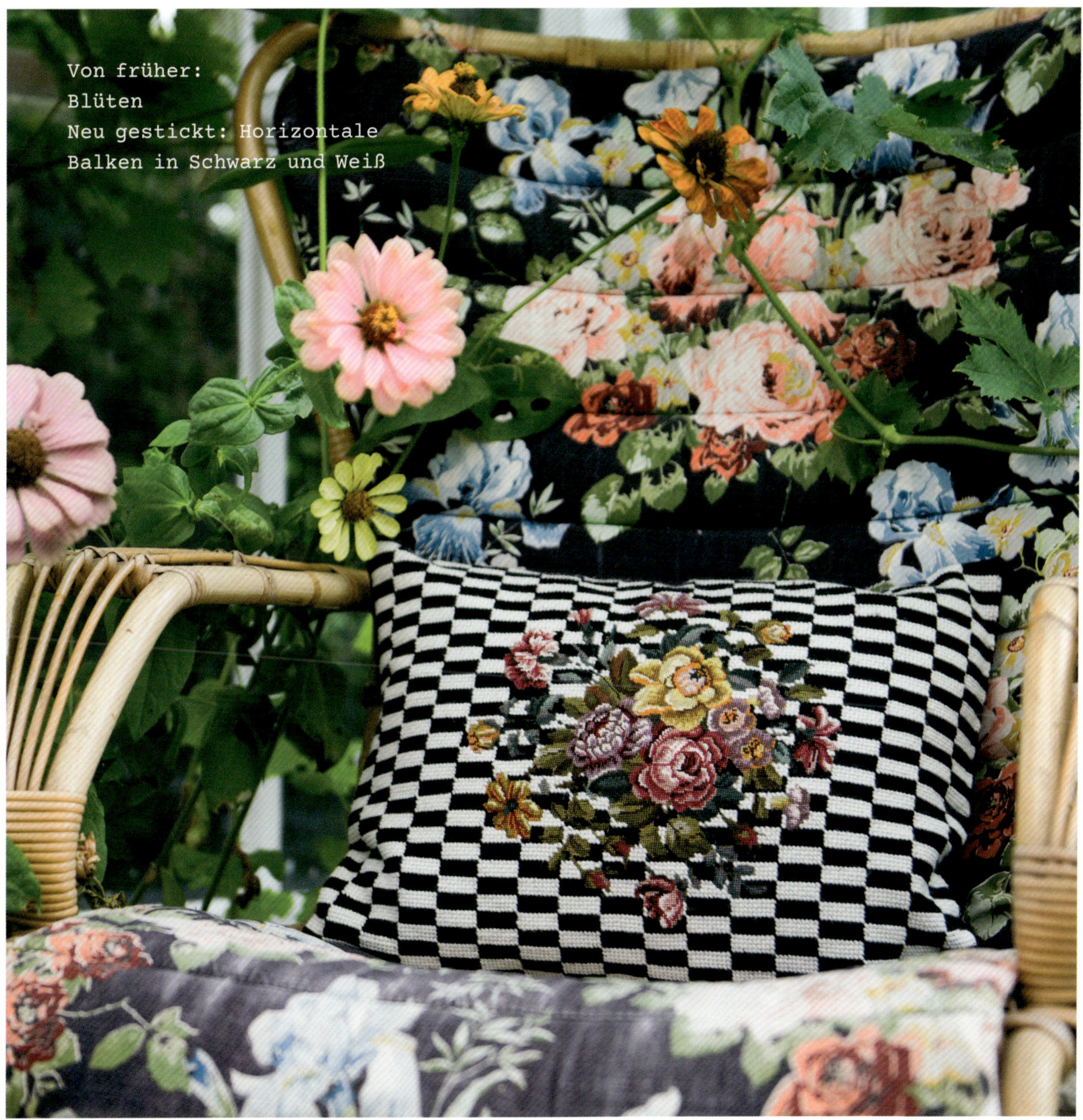

Von früher:
Blüten
Neu gestickt: Horizontale
Balken in Schwarz und Weiß

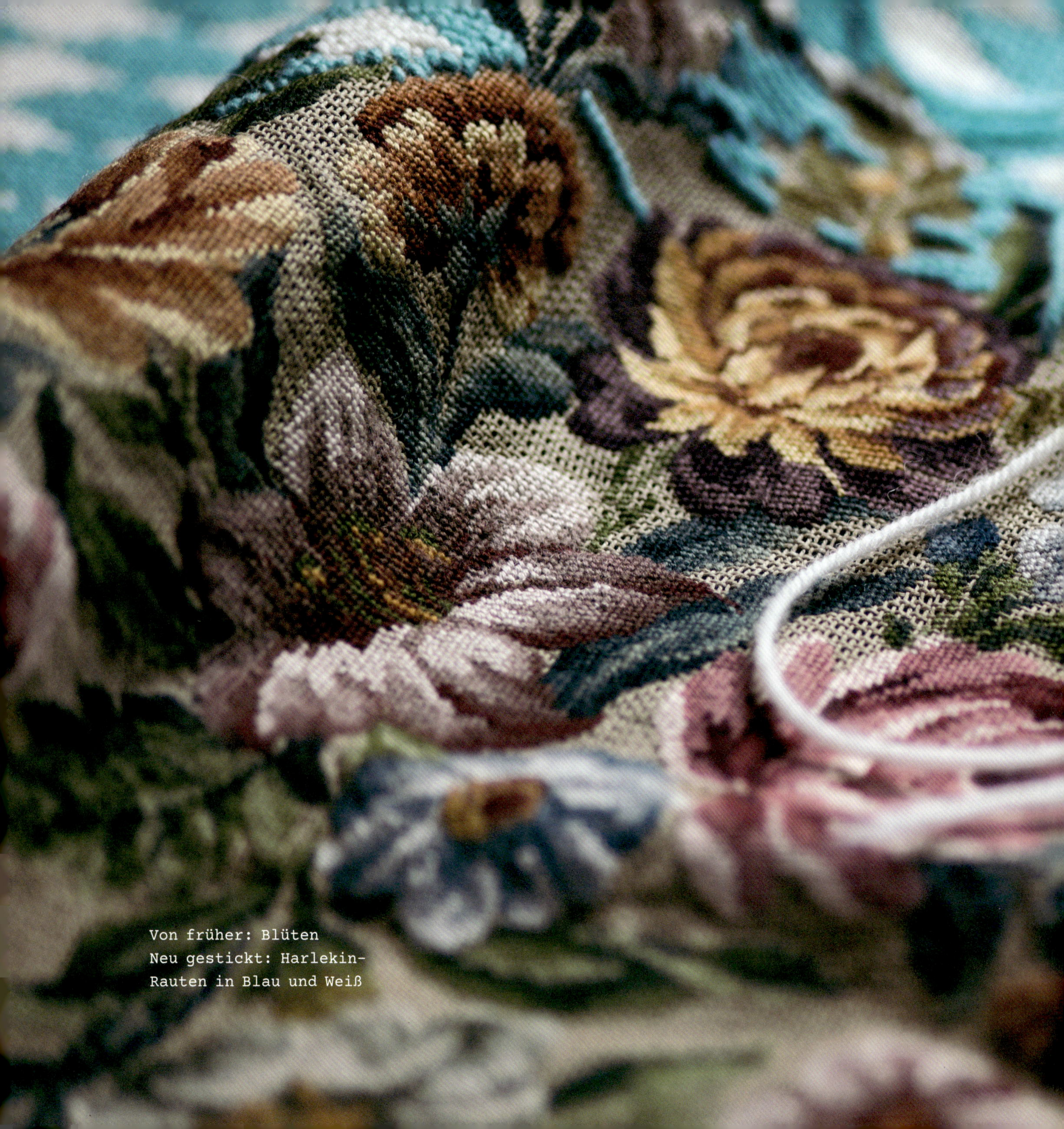
Von früher: Blüten
Neu gestickt: Harlekin-
Rauten in Blau und Weiß

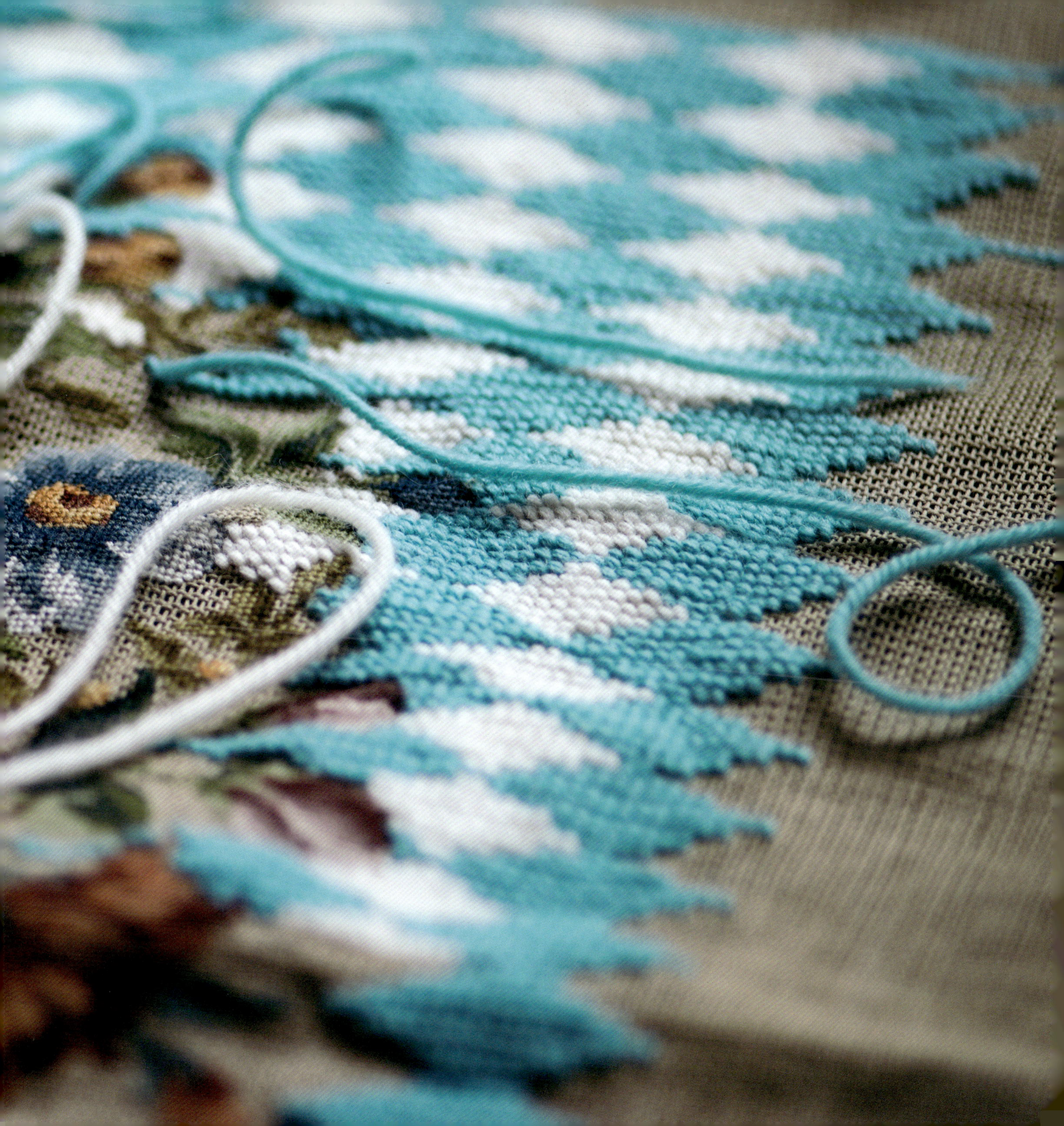

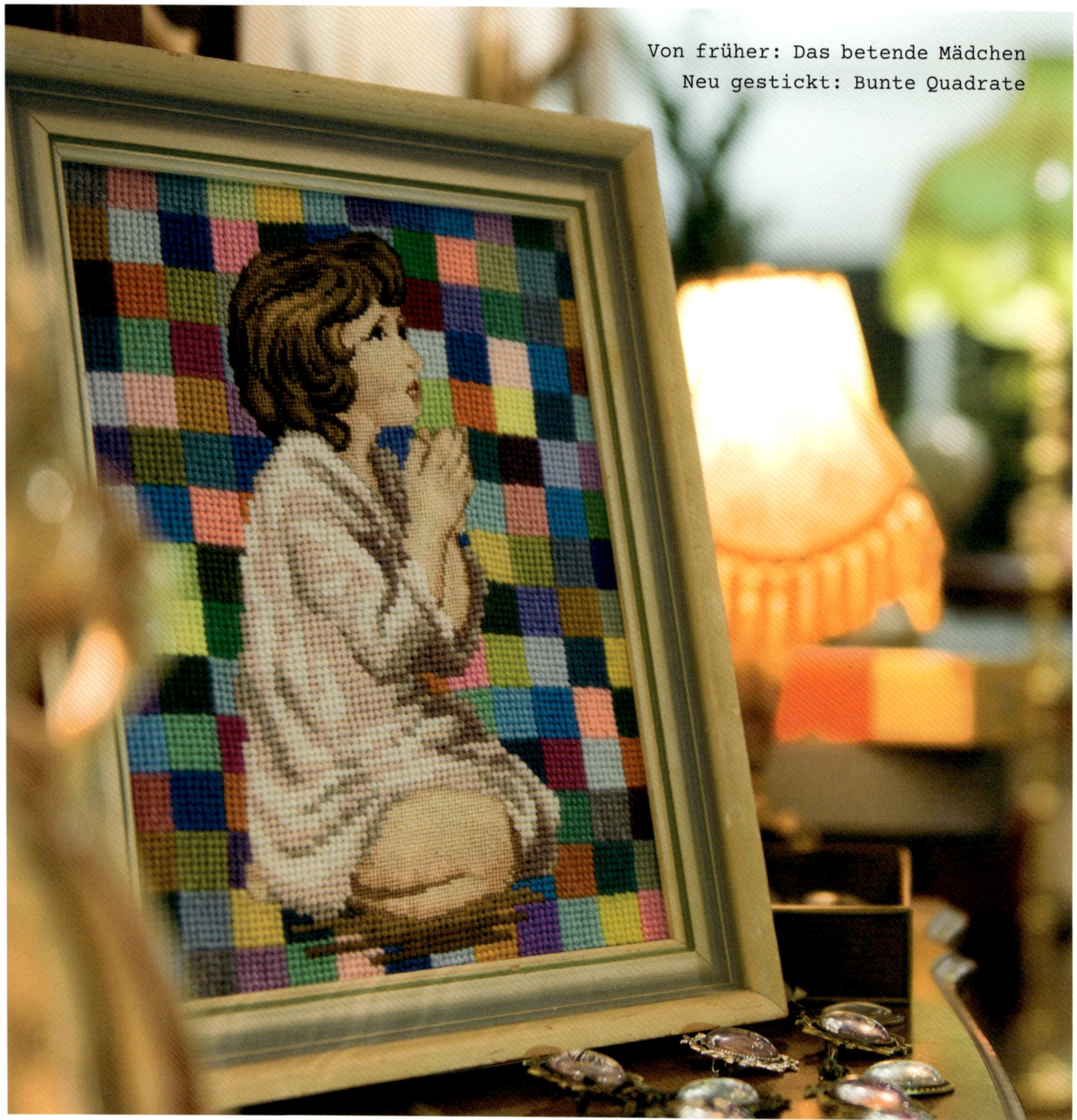

Von früher: Das betende Mädchen
Neu gestickt: Bunte Quadrate

Von früher: Schmetterlinge und Blumen
Neu gestickt: Schwarze und weiße Dreiecke

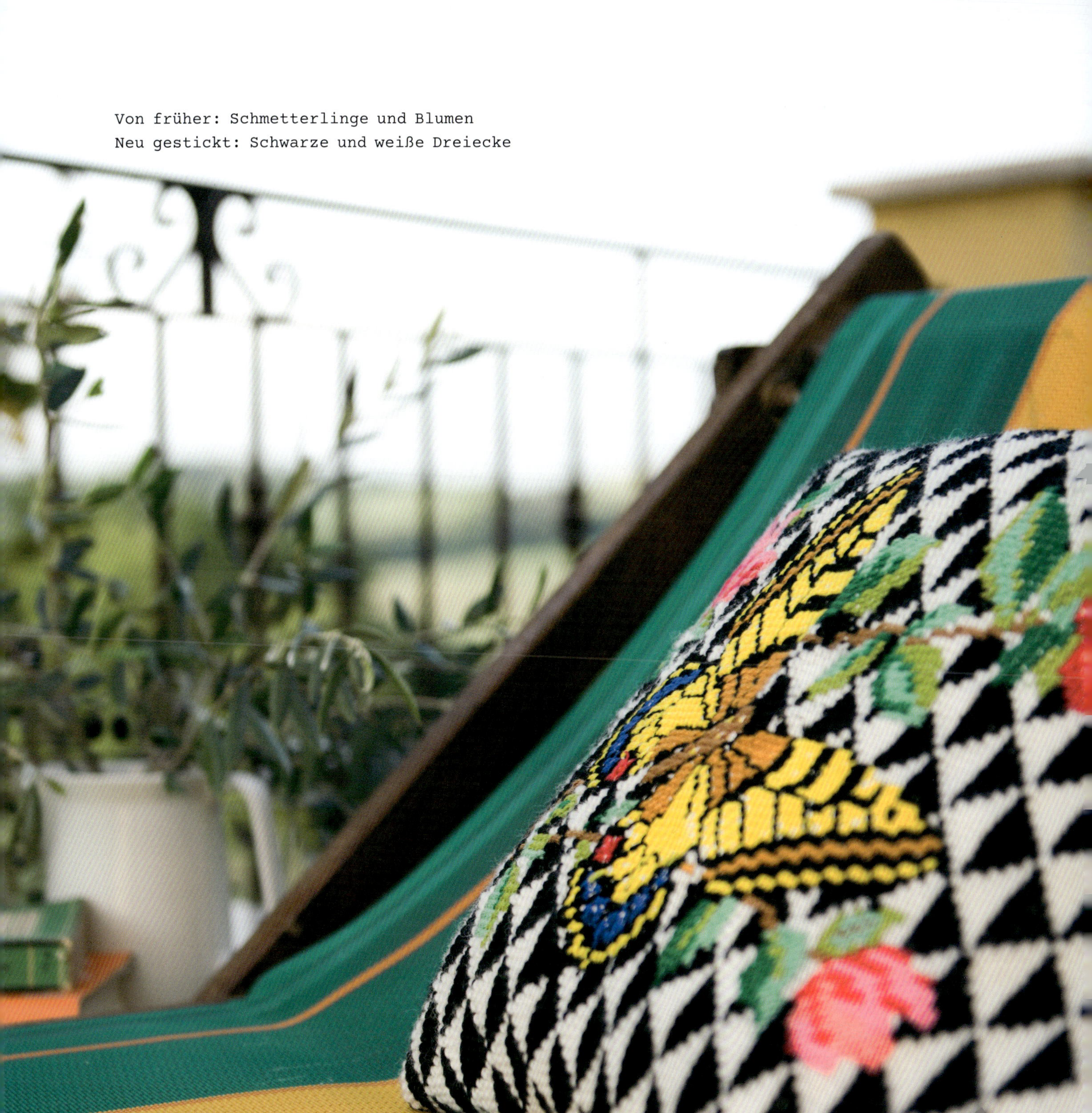

## Ein paar Worte, bevor wir uns verabschieden!

Wie Sie sehen können, ist Sticken keine Wissenschaft. Was man braucht, sind Lust, Zeit und Geduld. Es wird vielleicht nicht beim ersten Mal schon perfekt sein, aber es wird sicher „good enough". Und Sie können sich gerne von den Profis im Handarbeitsladen oder den Experten auf YouTube helfen lassen, die eine Menge wissen.

Die Inspiration für grafische Muster geht weit über dieses Buch hinaus. Schauen Sie sich um, wo Sie sind, vielleicht gibt es um die Ecke ein lustiges, schönes, geschmackvolles oder kniffliges Muster.

Und noch etwas: Bitte teilen Sie Ihre Stickerei mit **#grafisktbroderi** in den sozialen Medien, um andere zu inspirieren. Danke!

XOXO

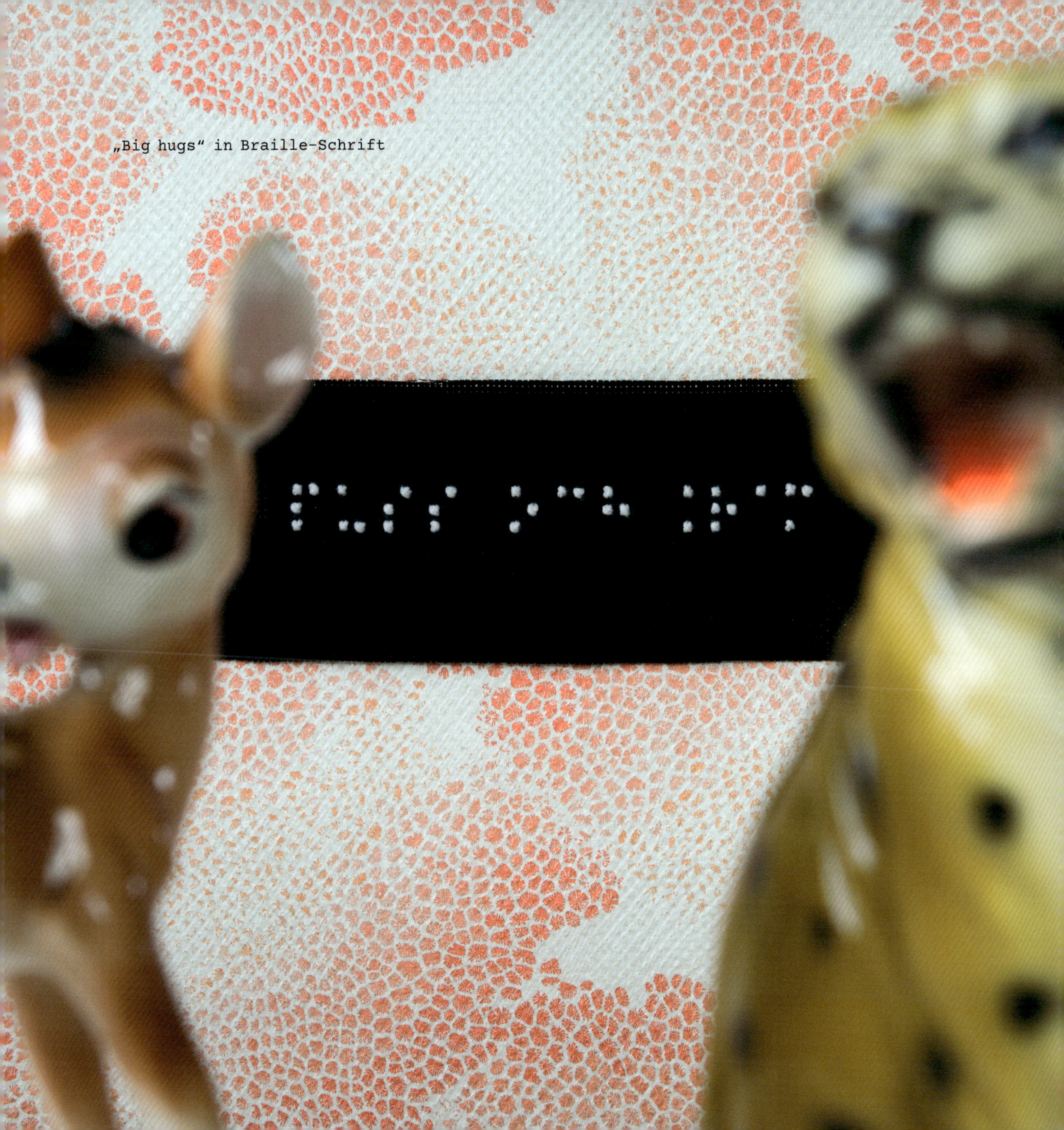

„Big hugs“ in Braille-Schrift

## Register



## Bezugsquellen

**Aida-Stoffe in unterschiedlichen Farben**
https://www.mercerie-onlineshop.ch/
https://www.stoff-fabrikladen.ch/
https://www.etsy.com/

**Wollstickgarne (z.B. Anchor Tapisseriewolle)**
https://www.handarbeitswaren.de/
https://www.wollshop.ch/

## Danksagung

Zuerst ein dickes Dankeschön dem wunderbaren Tukan Förlag in Göteborg. Es war ein richtiges Vergnügen, euch an unserer Seite zu wissen - stets kompetent, nett und unkompliziert!

Und ein großes Lob an all die Menschen und Läden, die uns die Arbeit ermöglicht haben:

Jonathan's HD (S. 23)
Pill and Punch, Malmö (S. 33, 154)
Bronsskulptör Karel Becvar, Löderup (S. 44)
Linnea Schumacher, New York (S. 82)
Stadsarkivet, Malmö (S. 90-91)
Künstler Abby Woodford (S. 98)
Kazuyo Nomura, Konstnärernas Kollektivverkstad, Göteborg (S. 102)
Fyn, Malmö (S. 109)
Inkonst, Malmö (S. 115)
Malmö Stadsbibliotek (S. 116-117)
Göteborgs Spårvägar (S. 128)
Anna Bauer och kolonistugan, Göteborg (S. 138)
Tiki Pete & Studio Möllan, Malmö (S. 136-137)
Malmö Stadsteater (S. 144-145, 150)
Tapetorama, Malmö (S. 146, links: „Forest“ von Morris & Co; rechts: „Cube Star“ von Jocelyn Warner)
Karin Sundin, Otricoli (S. 155)

Und natürlich an all unsere Lieben - Martin, Måns, Agnes, Emelie, Linnea, Movitz, Märta, Vera, Timo und Irma. Durch euren Ansporn hat uns die Arbeit am Buch noch mehr Spaß gemacht.

Und zu guter Letzt unser Dank den Damen von Broderi & Garn in Göteborg, denn keine Fragen sind zu dumm, um sie zu stellen.

## Weitere Bücher aus dem Haupt Verlag

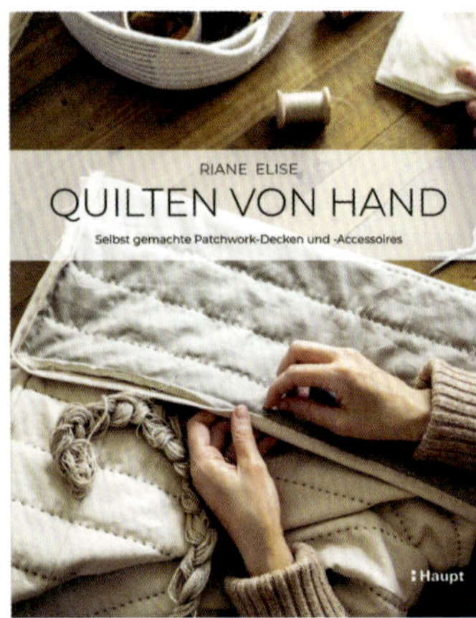


Riane Elise
**Quilten von Hand**
Selbst gemachte Patchwork-Decken und -Accessoires
ISBN 978-3-258-60258-5

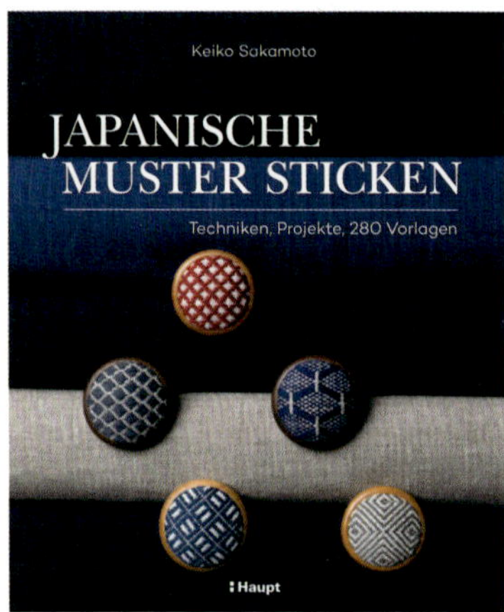


Keiko Sakamoto
**Japanische Muster sticken**
Techniken, Projekte, 280 Vorlagen
ISBN 978-3-258-60277-6

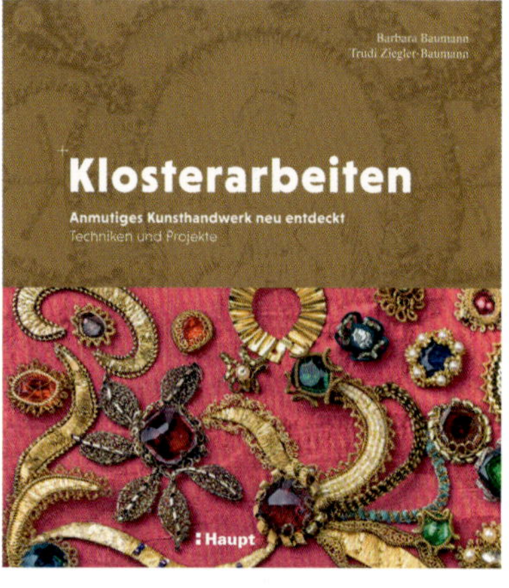


Barbara Baumann / Trudi Ziegler-Baumann
**Klosterarbeiten**
Anmutiges Kunsthandwerk neu entdeckt – Techniken und Projekte
ISBN 978-3-258-60225-7

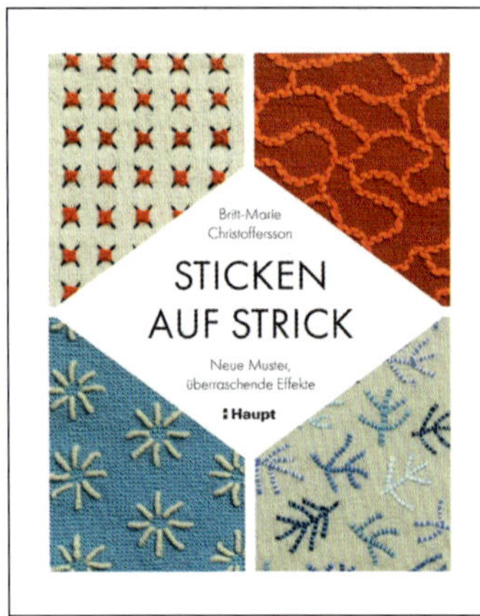


Britt-Marie Christoffersson
**Sticken auf Strick**
Neue Muster, überraschende Effekte
ISBN 978-3-258-60234-9

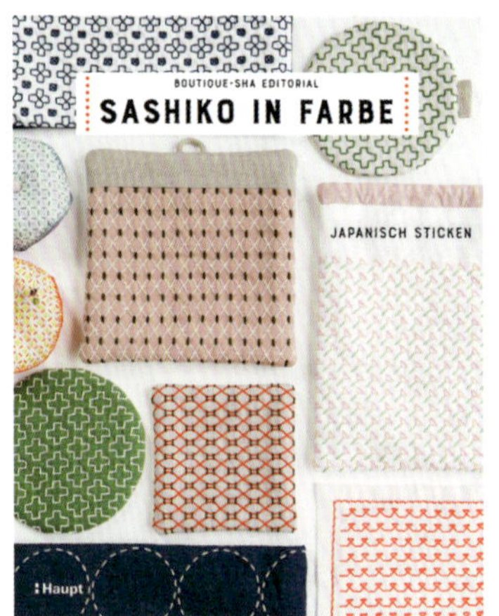


Boutique-Sha Editorial
**Sashiko in Farbe**
Japanisch sticken
ISBN 978-3-258-60245-5

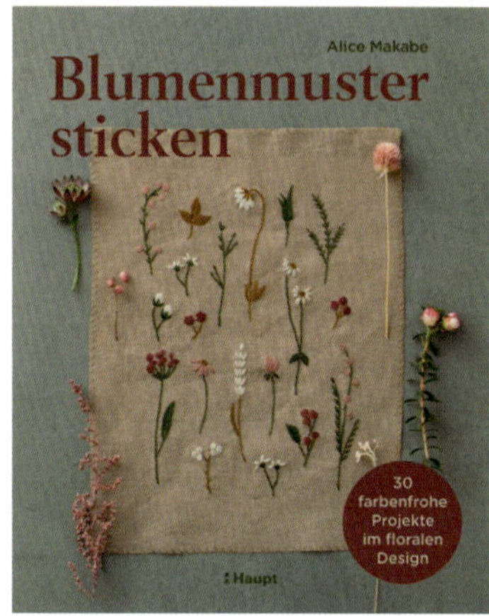


Alice Makabe
**Blumenmuster sticken**
30 farbenfrohe Projekte im floralen Design
ISBN 978-3-258-60256-1